Interview
A to Z

이병선 저

항공사 객실승무원
면접 A to Z

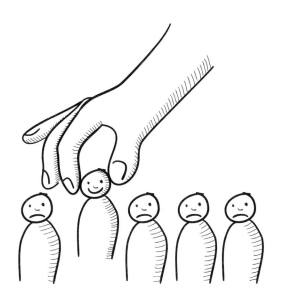

(주)백산출판사

머리말

　누구나 한 번쯤은 전 세계 창공을 가르는 「객실승무원」을 꿈꾸어 본적이 있을 것입니다.

　현재는 많은 사람이 원하는 하나의 직업으로 자리매김하고 있습니다.

　많은 항공사가 생겨나고 있음에도 불구하고, 수많은 지원자들의 높은 경쟁률 속에 항공사 Uniform 입기가 힘들어지고 있습니다.

　그럼 어떻게 이 관문을 통과할 것인가? 많은 고민과 노력을 해야만 할 것입니다.

　현재까지 발간된 서적에는 승무원 면접 관련 서적에 준비 방법, 기출문제 및 분석만 있을 뿐, 질문에 대한 답변의 요지 및 Keyword가 없어 길잡이에 다소 부족한 점이 있지 않았는지요?

　저자는 항공사 재직 시 객실승무원 채용에 직접 참여했던 한 사람으로서, 꿈을 향한 여러분의 노력에 조금이나마 도움이 되고자 이 책을 집필하게 되었습니다.

　PART 1은 『면접의 지름길』로 항공사 기출문제를 토대로 면접관의 질문 의도를 파악하여 정확한 Keyword로 본인만의 답변을 준비하여 면접관에게 Appeal 할 수 있도록 참고하길 바라며, PART 2는 최고의 서비스 전문가가 되는 길에 길라잡이가 되고, 항공사 면접에 많은 비중을 차지하는 『기내 상황별 서비스

매뉴얼』을 토대로 기내에서 발생되는 여러 상황 대처에 필요한 응대요령을 정리하였습니다.

'항공기 객실승무원'하면 외적인 아름다움을 생각하지만, 무엇보다도 내면에서 나오는 아름다운 미소가 최우선이라고 생각합니다.

내가 최고가 되기 위해 여러분 스스로를 UPGRADE 합시다.

끝으로 항공사 객실승무원의 꿈을 향해 달리는 여러분에게 면접 관련 책자 발간에 도움을 주신 백산출판사 진욱상 사장님과 진성원 상무님께 진심으로 감사드립니다.

또한 우리 모든 가족에게 커다란 HAPPY VIRUS가 되어준 '손녀 이제인'에게 이 책을 선물합니다.

2024년 2월
저자 이병선

차례

5

Contents

Contents

항공사 객실승무원 면접 A to Z

P
A
R
T

1

항공사 객실승무원 면접

INTERVIEW A to Z

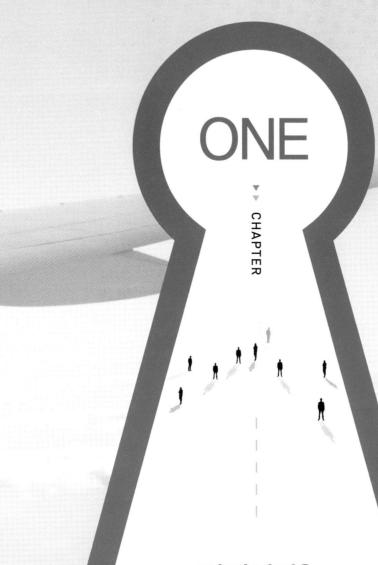

ONE

▼ ▼
CHAPTER

면접이란?

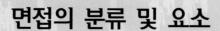

면접의 분류 및 요소

INTER + VIEW (마주 + 보다)

객실승무원 면접은 일반적인 기업과는 다른 방식의 면접이다.

일단 서류심사를 걸친 후, 1차, 2차에 걸친 실무 면접 그리고 임원 면접으로 구분할 수 있다.

기타 인성검사, 체력(수영 Test 포함) 및 항공기 탑승에 적합한지의 신체검사, 그리고 영어 Interview가 있다.

그렇다면 어떠한 사람을 객실승무원으로 채용하는가?

대부분의 인식은 영화배우 같이 아름다운 사람만을 채용하는 것이라고 착각하는 경우가 있다.

여기서의 아름다움은 Image를 말하는 것이다.

물론 시청각적 요소가 차지하는 비중이 크다고 볼 수 있다.

단정하고 깨끗한 용모로 바른 자세를 가지고, 항상 웃으며 먼저 인사하고, 나는 자랑스러운 항공사의 꽃이라 자부하는 객실승무원으로 여러분 스스로가 만들어

지려면 모든 것이 습관화되도록 노력하여야 한다.

승무원은 무엇보다 비행기 내에서 승객을 보살피는 데 있어 승객의 머릿속에 좋은 쪽의 강한 인상을 남겨 주기 위해서는 스스로가 변화된 태도로 무장하는 생활화가 필요하다.

그렇다면 항공사는 어떤 인재를 필요로 하는가?
면접관은 한정된 시간 내에 우수한 인재를 선별해내는 Guideline을 동시에 면접관의 일관성 있는 평가를 도출해내는 것이다.

- 승무원으로서 준비되어 있는 사람
- 성실한 사람
- 미래지향적인 사람

U.C.L.A. Mehrabian 교수

① 시각적 요소: 55%

② 청각적 요소: 38%

③ 언어적 요소: 7%

그러나 외모의 아름다움보다는 표정(Smile), 용모 및 복장, 태도와 자세, 인사, 말씨(음성, 표현법) 등의 Manner의 5대 요소를 갖춘 아름다움이 더욱 중요하다.

승무원 지망생들이 한 번쯤 면접을 접해보고는 면접관이 "왜 내게는 이런 질문을 하였을까?" 또는 "왜 내게는 별 것(가족 관계, 취미, 특기 등) 안 물어 보지?" 하는 의구심을 가지곤 하였을 것이다.

면접의 대답은 수학 공식을 이용한 딱 정해진 하나만의 답변이 정답은 아니기 때문이다.
모든 개개인의 생활과 생각과 표현의 방법이 다르기 때문에 성실한 답변 태도나 답변 논리로 내가 얼마나 차별화되어 준비하였는가를 표현하는 것이 중요하다.

면접관의 질문 의도를 알고 답변한다면?
그래서 답변에 대해서 집중적으로 다루어 보기로 하겠다.

면접 심사 요령 및 주요 평가 항목

(1) 심사 개요

1) 한정된 시간 속에 우수 인재를 선별하여야 하는 Guideline을 제시함과 동시에 일관성 있는 평가를 도출해 내기 위함이다.
2) 외모 및 Service 에티켓 분야 & 영어 구사 능력

(2) 평가 항목

1) 항공승무원으로서의 Image

① 승무원으로서 승객에게 거부감을 주지 않는 인상
② Smile이 자연스러운가?
③ 깨끗한 피부 및 치열의 소지자
④ 목소리의 Tone이 "솔"이 안정적이다.
⑤ Eye Contact을 잘하는가?
⑥ 너무 긴장하거나 떨고 있는가?

2) 영어 Interview

① 최소한 5단어 이상으로 조합한 질문에 장문의 표현 구사가 자연스럽게
   이루어지는가?

② 외국어에 대한 공포감이나 거부감이 없는가?

③ 질문의 의도를 파악하고 있는가?

④ 발음이 정확한가?

⑤ Speed와 Tone은 알맞은가?

⑥ 승객 서비스 분야에 적용하기 알맞은 언어인가?

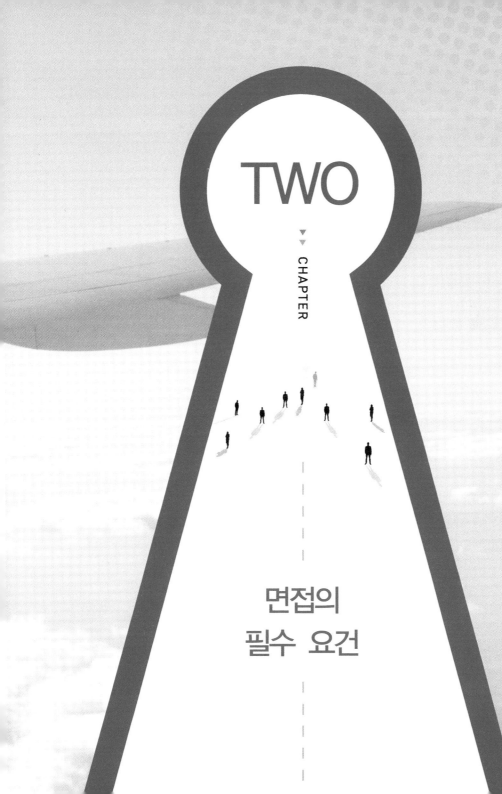

TWO

면접의
필수 요건

내 자신의 IMAGE 만들기 필요한 Manner의 5대 요소

초두효과로 5분 안에 Image 평가 여부가 일부는 결정된다.

(1) 표정(SMILE)

- Service Man의 미소의 필요성 : 항상 타인에게 노출되고 있음을 주지하라.
  Smile은 고객응대의 기본이며 가장 아름다운 표정이다.

  〈거울과 가장 친한 동반자이다〉

  - 긴장된 얼굴의 근육을 항상 풀어주어라.
  - 가장 기뻤을 때를 생각하여라.
  - 생활 속에 습관화하라.

  이것이 바로 잘하는 능력이다.

- 항상 웃어라(입실에서 퇴장까지.)

(2) 태도와 자세

1) 면접 시(선 자세)

① 시선은 정면을 향한다.
② 턱을 당겨 바닥과 수평을 이룬다.
③ 아랫배에 힘을 주고, 머리는 곧게 편다.
④ 어깨에는 힘을 가하지 마라.
⑤ 무게중심은 엄지발가락에 둔다.
⑥ 손의 공수자세를 바르게 한다.

2) 시선

① 면접관이 남자인 경우 : Business Eye Zone

- Business Eye Zone : 양 미간과 Necktie 매듭이 시선의 Point

- 마주침과 응시를 구분하라.
- 10초 이상 응시하면 적대감을 느낀다.
- 시선을 피하면 상대방은 소외감을 느낀다.
- Nomal 시 : Smile과 함께 시선을 맞추며 피하지 마라.

- 면접 시 : 시선은 얼굴의 방향, 몸과 발끝의 방향까지 면접관의 시선으로
  향한다.

② 어떠한 경우라도 상대방의 신체를 위, 아래로 돌리는 것은 금한다.

3) 걸음걸이

활기차고 곧은 자세는 바로 자신감을 나타낼 수 있다.

(3) 용모 · 복장

단정하고 깨끗한 승무원 Uniform의 용모 · 복장, 너무나 깨끗하게 정돈되어
넘겨진 Hair-Do, 이런 유니폼을 입고 다니는 당신을 많은 사람들로부터 시선을
받고 있다는 것을 느끼게 된다.

또한 태도와 자세 그리고 말 한마디 한마디의 다정다감한 말씨. 이 모든 것
을 갖춘 채 많은 승객에게 베푸는 세심한 배려의 마음이 우리에게는 꼭 필요한
것이다.

1) 단정한 용모 · 복장의 중요성

- 용모와 복장은 자신을 표현하는 첫 번째의 방법이다.
- 개인적으로 첫 인상을 결정할 뿐만 아니라 전체 이미지 역할에 아주 중요
  한 요인이기도 하다.

2) Hair-Do

- 깨끗하고 깔끔한 Hair-Do가 첫 인상을 심어주는 데 커다란 역할을 하고 있음을 인지하라.
- 정돈되지 못한 Hair-Do는 모든 것이 흐트러져 보이기 때문이다.

3) 액세서리

- 지나치게 요란한 귀걸이, 불필요한 장식 등은 피하라.

(4) 인사

- 첫 만남으로 정중례를 원칙으로 한다.
- 무엇보다도 마음속에서 우러나오는 인사가 상대방에게 전달될 수 있다.

1) 인사의 각도

- 목례(약 15도)
- 보통례(약 30도)
- 정중례(약 45도)

2) 인사의 요령

- Eye Contact
- 숙인 채로 1초 Stop

      – 천천히 2초 정도 상체 올림

      – Eye Contact

3) 공수자세를 유지하라.

4) 주의사항

      – 인사말 : 인사말은 바닥에 흘리지 않는다.

                     즉 인사말을 한 후에 몸을 숙인다.

      – 손의 위치 : 여성 : 오른손이 위쪽

                    남성 : 왼손이 위쪽

      – 인사 각도 : 정중례

      – 발의 위치 : 11자

(5) 말씨(답변)

여러분의 채용 여부는 결국은 "답변"인 것을 인지하라.

항공 업무지식과 관련한 질문에는 정답이 있지만, 중점적 답변에는 정확한 정답을 요구하는 것이 아니다. 면접관이 원하는 것은 지원자의 내면에 있는 기본적인 자질, Mind와 성품을 중심으로 가치관 등의 다양한 면에서 찾아내어 평가하고 최대한 승객의 입장에서 생각하고 있다는 자세를 보고 있는 것이다.

1) 채용 통과의 지름길은 오로지 "답변"이다.

그래서 승무원 면접에서의 "답변의 준비"는 필수적인 것이다.

* 무응답은 면접에서의 패배이다.
* 교과서적이거나 상투적인 답변은?

질문을 통해 면접관은 여러분의 살아온 과정, 사고방식, 성품 및 성격 및 교양 정도를 가늠하며, 여러분은 자기표현의 능력을 나타내야 하기 때문이다.

2) 답변 시 강조사항

① 목소리를 Design하라.

목소리를 DESIGN하라.

- 아름다운 어휘를 사용하라. (긍정적인 단어)
- 목소리를 만들어라. (목소리가 좋아야 좋은 인상을 준다.)
  아기 목소리, 사투리 사용, 탁한 목소리는 탈피하라.
- 말투와 음색으로 표현이 달라진다.
  명확한 발음, 적당한 속도, 어투
- 말의 시작과 끝맺음은 요령 있고 분명하게 하라.
- 갑작스러운 당황 질문 시에는 시간을 벌기 위해 질문을 반복하라.
- 방송문과 사설을 소리내며 읽어라. (이는 어휘력, 시사성을 향상시킨다.)

② 단답형 답변은 피하라. ('~다'로 끝내지 마라.)

~다 + a + 포장

a : 논리적으로 설명을 부연

포장 : 설명 내용 속에 나를 표현할 수 있도록 한다.

　　　　여기서 포장은 "나"를 나타내라.

예 당신의 가족관계는?
　　여기서 면접관이 여러분 가족의 구성인원이 과연 궁금할까요?
　　아니겠지요!
　　이런 질문에 나를 부각시키는 연습을 해보도록 합시다.

〈가족이 4명이라면?〉
저희 가족은
항상 인사예절과 웃어른을 공경하시라는 아버님.
가족의 건강과 웃음으로 화목을 이끌어 주시는 어머님.
책과 씨름하여 영어 성적이 탁월한 오빠.
그리고 승무원의 꿈을 향해 항공과를 선택하여 Global 시대에 원활한 의사소통을 위한 외국어 능력 향상, 미소의 생활화, 승객에게 정확한 정보제공을 위한 항공 업무지식의 함양 그리고 나보다는 남을 배려하는 Mind를 습관화하여 준비되어 있는 승무원으로 발돋움하고 있는 저까지 4명입니다.

여기서 답변 속에 가정 내에서의 인성 교육, 가정의 화목, 면학 분위기, 승무원 준비 과정이 모두 담겨 있다.

(보통 상투적인 답변보다는 이와 같이 면접관이 요구하는 Key Point보다 앞서 내 자신을 포장함으로써 좋은 결과를 기대할 수 있다.)

3) 답변 시 주의사항

– 발음은 정확하고 분명하게 또박또박 말하라.
  질문 속에 표현해야 할 Keyword를 강조하라.
– Speed와 Tone에 유의하라.
– 거짓 답변은 피하라.
– 암기식의 답변은 피하라.
– 속담이나 격언은 사용하지 말라.
– 경어를 사용하라.
– 표준어를 사용하라.
– 가능하면 '…입니다', '…습니다'를 명확히 하라. (특히 긴장 시)
– 누구나 답변할 수 있는 형식적인 답변을 피하라.

4) 순발력 있는 답변이 중요하다.

– 모두가 일상적으로 하는 앵무새 답변은 피하라?
  (우유부단한 성격에 논리력, 판단력, 설득력 부족으로 인정되기 때문이다.)

• 만약 도저히 답변하기 어려운 질문이 나온다면
  난처한 표정으로 답변을 못하고 있지 말고 솔직하게 말하라.

- 당황하지 않도록 10개 이상의 질문에 답을 만들어 준비하라.

  유사한 질문이 많으므로 예상질문을 사전 준비하여 답을 준비하라.

  예 왜 승무원이 되려고 하는가?

  승무원 지원 동기는?

  승무원이 되려고 어떤 노력을 하였는가? 등등

◄◄◄
녹음기를 이용하여 면접관의 입장에서 들어보고 교정하면서 나만의 답변을 정리하라.

THREE

CHAPTER

면접의 POINT

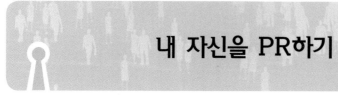

내 자신을 PR하기

자신감을 가지고 나를 최대한 표현하라.

(부끄러워하거나 민망하거나 하면 올바른 답변을 기대하기 어렵고 모든 면에서

부적합하다고 판단한다.)

성공 면접으로 가는 길

(1) 자신감을 가져라.

면접장 입실에서부터 1차적으로는 외적으로 보여주는 걸음걸이, 미소, 태도와 자세, 인사, 그리고 서 있는 자세 등의 시각적인 면을 통해, 2차적으로는 답변 시 나오는 목소리에서의 Speed와 Tone의 전달하는 느낌의 청각적인 면을 통해 지원자가 가지고 있는 당당한 자신감을 파악할 수 있기 때문이다. 그래서 면접관은 지원자를 귀로 본다고 표현하기도 한다.

(2) 나 자신을 최대한 나타내라.

승무원이 되기 위해 노력한 것, 준비하여 온 것 등을 답변을 통해 모든 것을 나타내야만 면접관이 당신을 기억하게 된다.

(3) 아름다운 단어로 답변하라.

부정적인 어휘보다는 긍정적이며 아름다운 단어로 핵심의 Keyword로 답변하는 것이 중요하다.

(4) 면접 요령 10단계를 기억하라.

① 첫인상이 중요하다.

② 긴장감을 해소하라. (입실 전 심호흡을 크게 하라.)

③ 질문의 핵심을 정확히 파악하라.

④ 답변에 나를 나타낼 수 있도록 포장을 하라.

⑤ 질문에 적극적으로 답하라.

⑥ 자신 있는 분야에 승부를 걸어라.

⑦ 말끝을 확실히 하라. (얼버무리지 마라.)

⑧ 결론을 확실하게 끝내라.

⑨ 바른 자세와 미소를 잊지 마라.

⑩ 최선을 다하라.

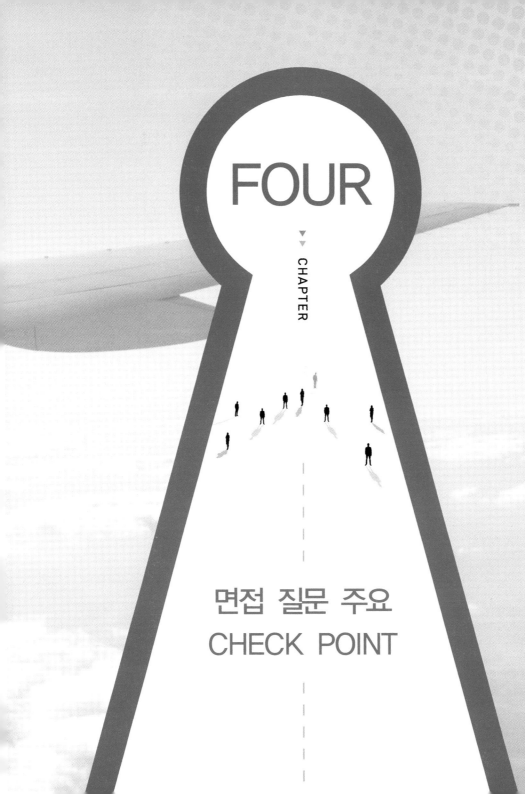

FOUR

▼▼
CHAPTER

면접 질문 주요
CHECK POINT

면접에서의 답변에는 정답이 없다.

최고는 면접관이 요구하는 질문에 최상의 답변으로 표현하는 것이 100점 또는 그 이상으로 점수를 받을 수 있다.

지금부터는 질문의 의도를 파악하고 답변을 위해 Keyword 만들기 중심으로 어떠한 내용의 질문 Type이 기 항공사에서 제출되었는지 그 문제를 풀어가며 자기 자신만의 답변을 어떻게 만들 것인가를 알아보도록 하자.

또한 대부분의 항공사가 동일한 내용 또는 유사 질문이 많아 이를 활용하여 하나의 답변으로 응용하는 요령으로 자기만의 답변을 만들어 놓는 것이 매우 필요하다.

질문 속의 의도 파악하기

(1) 기본 자질

1) 승무원 지원 관련

◎ 승무원 지원 동기는? (ALL)

> 〈면접관 의도〉
> 1. 승무원 업무와 역할을 이해하는가?
> 2. 지원자의 자질은?
> 3. 승무원으로서 Vision 및 자기계발
> 4. Mind와 성품
>
> 〈KEYWORD〉
> 1. 승무원이 되기 위해 준비되어 있다는 것을 강조
> 2. 최대한 항공 지식을 활용한 차별화된 지원자임을 강조

'왜 승무원이 되려고 하느냐?'의 유사 질문에 가끔은 고개를 갸우뚱하며 답변을 하고는 한다.

나만의 특성과 노력의 결실로 타 지원자와 차별화되는 지원 동기를 보여주는 것이 필요하다.

예를 들면 이런 답변은 피하도록 한다.

- 어렸을 때(또는 초·중·고 시절) 비행기를 탔는데 승무원이 친절해서
  동기가 되었다는 등.
- 편의점 등에서 손님을 접하는 아르바이트 시 고객으로부터 추천.
- 여행을 위해서.

◎ **본인이 ○○항공사를 지원하게 된 동기는?**

◎ 본인의 전공과 승무원의 관련성에 대해 이야기해 보시오.

　예　항공서비스학과에 진학하여 미소의 생활화, Global 시대에 원활한 의사소통을 위한 외국어 능력 향상, 나보다는 남을 배려하는 마음, 승객에게 정확한 정보제공을 위한 항공 업무지식의 습득 등을 어필하며 준비되어 있는 사람이란 것을 강조한다.

유사 질문

◎ 본인의 전공이 승무원을 하는 데 있어 어떤 도움이 되는가? (ALL)

◎ 승무원이 무엇이라고 생각하는가? (ALL)

> 〈면접관 의도〉 : 객실승무원의 정확한 의미 파악 여부
> 〈KEYWORD〉 : 승무원의 구체적인 업무와 역할을 제대로 이해하여 답변

유사 질문

◎ 승무원은 어떤 직업인가?

예1 출발지에서 목적지까지 승객을 안전하고 편안하게 모시는 것이 승무원의 역할입니다.

예2 Welcome Greeting으로부터 Farewell 인사까지 승객을 안전하고 편안하게 모시는 것이 승무원의 역할입니다.

◎ **입사하면 어떤 승무원이 되겠는가? (ALL)**

〈KEYWORD〉
① 나의 자질을 이용하여 고객만족을 하게끔 만드는 승무원
② 승객에게 다시 항공사를 이용하게 만들 수 있도록 노력하는 승무원

m / e / m / o

◎ 승무원이 되기 위해 노력한 일은? (ALL)

〈면접관 의도〉

1. 얼마만큼 준비가 되어 있는가의 여부

〈KEYWORD〉

1. 항공과 진학, 밝은 미소의 생활화, 승객에게 정확한 정보제공을 위한 전문
   지식의 습득, 국제시대에 발맞춰 외국인 손님과의 의사소통을 위한 외국어
   능력 향상, 시간을 엄수하는 습관 등을 표현한다.
2. 서비스 마인드, 팀워크, 책임감, 어학, 건강 등의 표현

유사 질문

◎ 승무원이 되기 위해 무엇을 준비하였는가?

◎ 왜 승무원이 되려고 하는가?

◎ 왜 승무원이 되려고 하는가?

◎ 입사 후 어떤 승무원이 되려고 하는가?
   (승무원이 되기 위해 노력하였던 내용을 이용하면 답변이 만들어진다.)

m / e / m / o

◎ 승무원의 자질은? (ALL)

〈KEYWORD〉
투철한 서비스 정신, 시간 관리능력, 대처능력, 국제적인 마인드, 팀워크 등
자질을 <u>하나만 말하지 않기</u>

예 승무원의 갖춰야 할 자질에는 투철한 서비스 정신과 국제화 시대에 걸맞은 국제적인 마인드, 또 팀으로 활동하는 특성상 필요한 팀워크 등 다양한 자질이 있습니다. 하지만 저는 자신감이 없다면 승객의 안전에 대한 책임은 물론 좋은 서비스 또한 제공할 수 없다고 생각하기에 자신감이 가장 중요하다고 생각하며, 그 후에 다른 자질들도 동반되어야 한다고 생각합니다.

유사 질문

◎ 승무원의 기본 자질은 무엇이라고 생각하는가? (TW)

〈면접관 의도〉

1. 승무원이라는 직업의 이해도

2. 승무원이 되기 위하여 얼마나 준비했는가?

3. 얼마나 준비된 사람인가?

　(글로벌 시대에 발맞춘 미래지향적인 사람, 준비된 사람, 성실한 사람)

〈KEYWORD〉

1. 이유에 대한 충분한 설명 필요

2. "나는 어떻게 하겠다"를 반드시 피력하라.

◎ 승무원의 장점과 단점을 말해보시오. (7C)

〈면접관 의도〉: 승무원이라는 직업에 대한 이해도

m / e / m / o

◎ 왜 승무원이 되고자 하는가? (ALL)

〈면접관 의도〉

1. 승무원이 어떤 직업이며 어떤 업무를 수행하는가?

2. 승무원이라는 직업의 이해도

〈KEYWORD〉

승무원이라는 직업으로 얻을 수 있는 자기개발과 성장을 나타내라.

m/e/m/o

◎ 승무원이 되고 싶은 이유는 무엇인가? (BX)

〈면접관 의도〉
다른 지원자들과 차별되는 자신만의 확실한 지원동기 여부 확인

〈KEYWORD〉
승무원은 어떤 직업이며 어떤 업무를 수행하는지, 필요한 자질, 이를 통해 찾고
자 하는 나의 비전 혹은 자기개발과 성장과정에 대해 설명하라.

유사 질문

◎ 승무원 준비를 하면서 중점을 둔 것은? (KE)

◎ 승무원이 되고 싶었던 동기 또는 롤모델은? (TW)

◎ 자신이 왜 승무원에 적합한지? (RS)

〈면접관 의도〉
승무원이 되기 위해 어떤 것을 준비했는지?

〈KEYWORD〉
승무원이 갖추어야 할 4가지 자질, 준비된 사람이자 항공사의 인재상에 부합한
사람임을 어필하는 타당한 근거와 노력한 점을 토대로 이야기할 것.

◎ 승무원이 되기 위해 얼마나 준비했는지? (LJ)

〈KEYWORD〉
승무원에게 필요한 자질과, 이에 부합하여 자신이 노력하여 현재 갖춘 자질로
자신을 어필한다.

2) 제반 승무원 관련(승무원으로서의 적성 여부)

> 〈면접관 의도〉
> 조직의 융화. 문제점 해결을 극복하는 방법과 준비성
>
> 〈KEYWORD〉
> 준비해온 과정 및 준비성 확보 상태 표현

◎ 승무원의 단점은? (ALL)

> 〈면접관 의도〉
> 문제점 해결을 극복하려는 준비성과 방법
>
> 〈KEYWORD〉
> 1. 승무원의 단점을 알고 있어도, 절대! 부정적인 단어를 사용하지 말라.
> 2. 단점까지도 슬기롭게 충분히 감내하며 극복할 수 있다는 각오와 의지로 신
>   뢰감을 주어라.

예 불규칙 생활 속의 건강 및 체력 저하, 시차 극복 등

◎ 입사하면 어떤 승무원이 되겠는가? (OZ)

〈KEYWORD〉
1. 나의 자질을 이용하여 고객만족을 하게끔 만드는 승무원
2. 저희 항공사를 다시 찾을 수 있도록 정성 담긴 서비스를 하는 승무원

◎ 승무원은 OOO이다. 무엇으로 표현하겠는가? (OZ)

〈면접관 의도〉 승무원의 구체적 업무와 역할에 대한 이해

〈KEYWORD〉
1. 고객 감동을 선사하는 항공사의 대표의 역할
2. 빈칸에 대해 나의 생각을 표현하되, 너무 터무니없거나 승무원 직업에 연관
   시킬 수 없는 단어의 표현은 사용하지 않는다.

◎ 승무원이 되기 위해 어떤 준비를 하였는가? (ALL)

〈KEYWORD〉
승무원의 필수 요건은 개개인의 준비성이 전부 다르기 때문에 정확한 답변은 없다. 하지만 승무원이 되기 위한 노력 여부를 표현하는 것이 좋다.
(가령 제2외국어 자격 소지, 어린이를 위한 풍선 ART, 악기연주 등을 나타내는 방법)

◎ 승무원이 갖추어야 할 덕목으로 무엇이 있는가? (KE, OZ)

〈KEYWORD〉 승무원을 준비하는 필수 요건 (ALL)
① 투철한 서비스 정신　　② 안전보장　　③ 국제적인 마인드
④ 팀워크　　⑤ 외국어 능력　　⑥ 책임감
⑦ SMILE　　⑧ 체력　　⑨ 항공 업무지식
⑩ 남을 배려하는 MIND 등

◎ 승무원으로서 서비스와 안전 중 어떤 것이 더 중요하다고 생각하는지?

〈면접관 의도〉: 승무원의 임무 및 역할 파악

〈KEYWORD〉

1. 어느 것 하나 결여되어서는 안 될 중요한 가치라는 점을 부각시킨다.

2. 하지만 안전이 선행되고 그 다음 고객만족을 위한 정성 어린 서비스

m / e / m / o

◎ 승무원을 하지 않았으면 선택했을 직업은? (KE)

> 〈면접관 의도〉
> 승무원에 대한 의지
>
> 〈KEYWORD〉
> 1. 승무원에 대한 자신의 뚜렷한 의지를 확고히 표현
> 2. 승무원 준비를 위한 과정을 답변하라.

예 저는 항공서비스학과에 진학하여 4년 동안 승무원이라는 꿈을 이루기 위해 매진하였기에, 다른 직업에 대해서는 아직 생각해보지 못했습니다. 하지만 꼭 승무원이 아닌 다른 직업을 택해야 한다면 저의 전공과 자질을 살려 항공사의 지상직원으로 일하겠습니다.

승객을 만나는 장소와 근무 형태의 차이는 있겠지만 따뜻한 미소로 승객을 맞이하고 도움을 준다는 공통점이 있기 때문입니다.

◎ 어제 무엇을 했는가? (KE, OZ)

〈면접관 의도〉
건전한 생활의 Pattern

〈KEYWORD〉
1. 자기개발하는 것을 Appeal. 자신의 특기를 표현하라.
2. 승무원 준비를 위한 과정을 답변하라.

예 승무원이 된 후 미래의 고객인 어린이 선물로 항공사 Image를 Upgrade 시키기 위한 일환으로 배워온 풍선 Art를 연습하였습니다.

예 취미인 플루트를 연습하며 훗날 고객들에게 연주를 하여 좋은 인상을 남겨 항공사 Image를 Upgrade시켜 다시 찾을 수 있는 항공사로 만들겠다는 생각을 하고 있습니다.

3) 개인(성격과 성품)

◎ 자신을 색에 비유한다면? (KE)

〈면접관 의도〉: 표현력, 어휘력 수준, 지원자의 성향이나 가지관 및 자질 파악

〈KEYWORD〉: 본인의 자랑을 하라.
1. 나를 간접적으로 준비되어 있음을 강조하는 것이 바람직하다.
2. 장점을 부각
   - COLOR를 표현하며 조직적 융화 가능성 표현
3. 승무원 준비과정을 답변

예 저는 제 피부처럼 깨끗한 흰색에 저를 비유하고 싶습니다. 흰색은 어떤 색과도 조화를 이루고 다른 색과 섞이면 그 색을 더 밝게 만듭니다. 저 또한 어느 누구와 있어도 잘 어울려서 좋은 관계를 유지하며 분위기를 밝게 만드는 사람이라고 생각합니다.

유사 질문

◎ 자신을 동물에 비유한다면? (KE)

m / e / m / o

◎ 살면서 가장 후회되는 일은? (OZ)

〈KEYWORD〉
후회하는 것에 대해 부정적인 단어를 사용하여 말하지 않고, 그 후회로 인해 깨달은 점을 말하여 이를 경험으로 극복한 이야기를 한다.

◎ 본인이 남들보다 특별히 잘한다고 생각하는 것은? (OZ)

〈KEYWORD〉
자신의 강점을 묻고자 하는 질문으로, 면접관에게 승무원으로서 적합한 나의 장점에 대해 말한다.

◎ 자신의 강점은? (KE)

〈KEYWORD〉: 나를 최대한 표현하라.

1. 항공학과 전공
2. 승객에게 정확한 정보를 전달하기 위한 전문지식 습득
3. 시간 관리 능력
4. 미소의 생활화
5. 국제화 시대에 걸맞은 외국어 능력

◎ 다른 지원자보다 경쟁력 있는 것은? (OZ, KE)

〈KEYWORD〉: 항공과 출신 학생은 준비되어 있음을 강조

1. 항공서비스 전공

2 미소의 생활화

3. 준비된 사람

4. 국제적인 마인드

5. 시간 관리 능력

◎ 자신의 단점은? (KE)

〈KEYWORD〉
자신의 단점을 인정하고 이를 개선 극복하여 현재는 장점화로 전환되어 있음을
강조하도록 하되 치명적인 단점은 말하지 않는 것이 좋다.

예 본인의 단점은 매사 조금 느리다는 평을 듣고는 하였습니다. 하지만 늦는 편이지만 맡은 일에 완벽하게 처리하는 능력은 가지고 있었습니다. 그래서 이를 개선하고 극복하여 현재는 처리 능력도 빠르고 완벽한 2마리의 토끼를 잡는 사람이 되었습니다.

(2) 이념과 목표의식

〈면접관 의도〉
1. 자기 미래에 대한 신념과 장기적인 목표 여부를 가지고 있는가를 관찰
2. 직업의식

〈KEYWORD〉: 현 시점보다는 발전되어 있는 미래의 모습으로 변화 강조

◎ 결혼 적령기는 언제라고 생각하는가? (OZ, 7C)

〈면접관 의도〉: 회사에 대한 충성도. 미래에 어떤 승무원이 되고 싶은지?
〈KEYWORD〉: 항공사에 장기 근속할 수 있는 적합한 인재라는 것을 표현한다.

예 승무원의 꿈을 향해 달려 왔기에, 나의 직업을 이해해주고 존중해 주는 사람을 만났을 때, 그것이 결혼 적령기라고 생각합니다. (목표 의식 강조)

유사 질문

◎ 결혼 후에도 계속 근무할 것인가? (7C)

◎ 남자 친구 또는 집안에서 승무원을 반대한다면? (OZ, 7C)

◎ 승무원 준비를 한다고 했을 때 주변 반응은? (KE)

예 제가 승무원이 되기 위해서 많은 노력을 해왔던 것을 알기에 많은 격려와 응원을 해주었고, 또한 제가 힘든 부분이 있을 때 질책도 마다하지 않고, 주변 사람들의 따뜻한 응원을 많이 받아 승무원이 된다면 꼭 베풀고 싶습니다.

◎ 승무원 일이 많이 힘든데 할 수 있는지와 각오는? (KE, OZ)

〈면접관 의도〉: 승무원의 업무에 대해 얼마만큼 알고 있는가?

〈KEYWORD〉
힘든 부분도 책임감을 가지고 극복해나갈 준비가 되어 있다는 점을 강조

(3) 항공 업무지식

◎ 면접관이 말한 곳 말고 추천하고 싶은 곳은? (ALL)

〈면접관 의도〉

1. 면접관에게는 여러분이 가고 싶어 하는 여행지가 질문의 목적이 아닌 사고 방식 또는 항공 업무지식의 여부 확인
2. 지원자의 국제적인 Mind & 역량과 자질

〈KEYWORD〉

1. 정확한 업무지식의 100% 활용(공항 3 Letter Code를 최대한 활용). 추가적으로 아름다운 표현으로의 공항 선택도 좋다.
2. 1개 도시에 2개 이상의 공항 CODE를 이용하라.

예 저는 여성들이 선호하는 예술의 도시 PARIS를 추천하고 싶습니다. PARIS에는 두 곳의 공항이 있으며 현재 KE에서는 샤를 드골 공항(3LTR로 CDG 공항, ORY 공항)을 취항하고 있어 가장 빠르고 편안하게 갈 수 있어 다른 사람들에게도 추천하겠습니다.

천사의 도시 : Los Angels Airport
상아의 도시 : Bangkok Airport

* 1개 도시에 2개 이상의 공항을 이용하여 몇 개의 공항이 있는지, 그 나라와 공항 CODE를 언급하여 답변하는 것이 항공 업무지식의 풍부함으로 승무원이 되기 위해 많은 "준비를 하였구나"라는 인상을 줄 수 있다.

유사 질문

◎ 가고 싶은 나라가 있다면?

◎ 가족이나 친구와 같이 가고 싶은 여행지는? (추천지의 특성을 표현)

◎ 여행해 본 여행지에 대한 소개해 본다면?

◎ 승무원이 되면 제일 먼저 가보고 싶은 곳은?

1) 외국어 능력(외국어로 자기소개는 필수)

때때로 방송문을 TEST하는 경우가 있다.

이는 발음과 전달 능력을 관찰한다.

2) 업무에 대한 의욕과 적극성

◎ 유니폼 착용 시 액세서리 착용을 자제하고 있는데 그 이유를 무엇이라고 생각하는지?

> 〈면접관 의도〉 : 안전의식. 비상 시 대처 방법과 대비 습득 여부
> 〈KEYWORD〉 : 안전을 강조. 비상 탈출 요령에 대한 설명

예 유니폼 착용 시 액세서리 착용을 자제하도록 하는 이유는 안전 때문이라고 생각합니다. 불필요하게 화려하고 큰 액세서리는 서비스 시 불편할 수 있고 비상 시 탈출에 방해가 되어 안전을 저해하게 됩니다.

3) 직업의식

(4) 조직 적응력

1) 회사에 대한 기대 정도

〈전체〉

〈면접관 의도〉
1. 투철한 직업의식
2. 문제점 해결을 극복하는 방법과 준비성
3. 회사의 기여도

〈KEYWORD〉
1. 조직의 일원으로 책임감, 협조심을 통한 조직의 융화
2. 꾸준한 자기계발을 통해 항공서비스 분야의 전문가로 회사 발전
3. Teamwork를 중요시하며 얼마만큼의 능력을 발휘 (선배의 조언과 자문)
4. 업무에 대한 의욕과 적극성 (후배 양성)

◎ **10년 후 자신의 모습을 말해보시오. (ALL)**

예1 항공서비스 분야의 최고 전문가 위치에 올라 교관이 되어 후배양성으로 회사 발전에 기여하고 있을 것입니다.

예2 10년 후 저는 대한항공에서 근무하며 쌓은 업무지식과 경험, 세계문화의 이해를 통한 꾸준한 자기개발로 승객에게 제 스스로 만족할 만한 서비스를 제공하겠다는 목표를 이루었을 것 같습니다. 또한 항공서비스 분야의 전

문가가 되어 후배들을 양성하는 유능한 교관으로 후배 양성을 목표로 하여 열심히 근무하리라 생각됩니다.

유사 질문

◎ 입사한다는 조건 하에 10년 뒤 가지게 될 자부심, 혹은 자신의 위치는? (KE)

◎ **상사가 부당한 일을 시키면 어떻게 하겠는가? (ALL)**

〈면접관 의도〉
조직의 융화. 문제점 해결을 극복하는 방법과 준비성

〈KEYWORD〉
선배의 조언과 자문. 회사의 윤리와 규정이 우선임을 강조

예 우선 상사는 저보다 경험도 많기 때문에 저보다 많은 것을 알고 계실 것이라 생각합니다.

하지만 경험이 많다고 해서 회사의 규정에 위배되는 지시는 무작정 따르는 것은 아니라고 생각되어 다른 선배의 조언과 자문을 통해서 방법을 마련하도록 할 것입니다.

◎ 선배가 자신보다 나이가 어리다면 어떻게 하겠는가? (ALL)

〈면접관 의도〉: 조직의 융화 및 적응력 관찰

〈KEYWORD〉: 선배의 조언과 자문. Teamwork을 강조

예 우선 선배는 업무적인 면에서 경력과 경험을 바탕으로 처리하므로 연령은 중요하다고 할 수 없으며, 저는 맡은 업무에 충실하며 부족하거나 모르는 사항에 대하여는 선배의 조언과 자문으로 선배의 지시 하에 좋은 Teamwork로 승객에게 좋은 서비스를 제공하는 데 앞장서도록 하겠습니다.

◎ 만약 선배님과 트러블이 생기면 어떻게 해결할 것인지? (ALL)

유사 질문

◎ 같이 일하고 싶은 상사는?

◎ 말 안 듣는 후배를 어떻게 하겠는가?

◎ 가정의 일과 회사의 일이 겹친다면?

〈면접관 의도〉 직업관, 조직의 특성 이해도, 적응력 관찰

〈KEYWORD〉

1. 직장인으로서의 공과 사의 구분. 승무원의 근무 특성을 이해

2. 사적인 일로 타 승무원에게 피해가 있어서는 안 되는 것을 인지하라.

유사 질문

◎ 결혼기념일과 비행 업무가 겹친다면?

(5) 표현력

긍정적이고 아름다운 어휘를 사용하여 표현하는 것이 필요하다.

1. 교양지식 및 시사
2. 순발력
3. 기타

◎ **월급을 받으면 무엇을 하고 싶은지? (ALL)**

〈면접관 의도〉: 표현력, 성품

〈KEYWORD〉

1. 가장 먼저 효를 중시하여야 한다.

   (누구든지 부모님을 공경하는 것은 칭찬한다.)

2. 자기개발을 위해 노력하는 모습으로 나타내라.

   예 중국어, 또는 다른 언어를 배우기 위하여 학원을 등록

3. 거짓 답변으로 위기를 모면하지 말고 솔직하게 답변하라.

예 가장 먼저, 제가 이 자리에 오기까지 저를 위해 물심양면으로 지원을 해 주신 부모님께 감사의 마음을 담은 선물과 용돈을 드리고 싶습니다. 그 후에 어학실력을 향상시키기 위해 학원에 등록하거나 책을 구매하는 등 제 자신의 개발을 위해 일부를 사용하고, 다른 일부는 저축해서 후에 제가 여행을 하며 추억과 경험을 쌓는 비용으로 사용하고 싶습니다.

유사 질문

◎ 만약 로또 1등에 당첨된다면? (OZ, KE, 7C)

〈면접관 의도〉: 응시자의 품성, 자질, 가치관, 솔직함

〈KEYWORD〉
1. 먼저 효를 중시
2. 자기개발
3. 남을 배려하는 마음을 가지고 있다는 것을 표현
　　예 어려운 이웃에게 도움을 드리기

예 1등의 당첨금은 본인이 처리하기에는 큰 액수입니다. 우선 부모님께 위탁하는 것이 최선이라고 생각합니다. 그 후에 저 자신의 개발을 위해 어학 실력 향상 방안으로 학원 등록, 도서 구입비로 사용하고, 다른 일부는 불우한 환경의 소년·소녀 가장의 학업 후원 및 봉사단체에 기부하고 싶습니다.

◎ 성형수술에 대해서 어떻게 생각하는지 말해보시오. (OZ)

〈면접관 의도〉: 표현력, Mind, 어휘력
〈KEYWORD〉: 내적인 아름다움을 강조

예 모든 여성은 아름다워지고 싶어 하는 바람을 가지고 있습니다. 물론 첫눈에 보이는 외적인 면도 중요하다고 생각하지만 내적인 아름다움 또한 중요하다고 생각합니다.

◎ 최고의 크리스마스는? (OZ)

〈면접관 의도〉 : 누구와 생활의 파트너인가? 표현력, 어휘력

〈KEYWORD〉
1. 가족과의 시간 : 효를 강조하는 것도 좋다. 항공 지식
2. 목소리 Tone, Speed, 억양이 중요하므로 천천히 또박또박 답변

예 11월 3째주 목요일에 첫 출시되는 Wine인 보졸레 누보를 가족과 함께 음미하며 즐거운 시간을 보낸 작년이 가장 행복한 최고의 X-MAS이었습니다.

◎ 남을 위해서 희생을 할 수 있는가? (KE)

예 승무원에게 있어 가장 중요한 것은 승객의 안전을 책임지는 일입니다. 항공학과를 진학해서 안전 업무지식을 습득해 비상시 어떻게 대처해야 하는지 배웠고, 그 과정에 있어서 승객의 안전을 책임진다는 자부심도 갖게 되었습니다.

희생이란 단어보단 비상시 어떻게 대처해야 하며 사고가 일어나지 않게 미연에 방지하는 것이 승무원에게 있어서 가장 중요한 업무라고 생각합니다.

◎ 살면서 가장 후회되는 일은?

〈KEYWORD〉
후회하는 것에 대해 부정적인 단어를 사용하여 말하지 않고, 그 후회로 인해 깨
달은 점을 말하며 경험으로 극복한 이야기를 한다.

◎ 부모님 또는 친구들이 나에게 이것만은 고치라고 한 점은?

(자신의 단점 답변을 활용)

◎ **자기소개를 색다르게 30초 동안 해봐라. (KE)**

예 저는 저를 사자성어로 대기만성이라고 표현하고 싶습니다. 대기만성은 '큰 그릇은 나중에 된다'는 뜻으로, 항공과를 진학하여 항공 업무지식을 꾸준히 공부하여 대한항공에 입사해 많은 경험을 쌓고 후배를 양성하는데 힘쓰고 싶습니다.

◎ **직장인과 학생의 다른 점은? (KE)**

예 직장인과 학생은 사회인이라는 점에서 다르지 않다고 생각합니다. 다만 학생은 아직 부모님과 많은 사람들의 보호 아래 성장하고, 진정한 사회인이 되기 위해 준비하는 과정이 아닐까 생각합니다.

◎ 소개팅 중 상대방이 마음에 안 들면 어떻게 할 것인가? (KE)

예 모든 사람이 저와 맞을 수는 없습니다. 그래서 정중하게 거절의 의사를 표현하고 최대한 마음이 상하지 않게 하도록 하겠습니다.

◎ 중국 손님과 한국 손님의 다른 점은 무엇인가? (KE)

예 직접적인 승객서비스에 참여한 적은 없으나 문화의 차이라고 생각합니다. 우리 대학교에 중국인 유학생 친구들이 많은데 우리나라에는 존댓말이라는 것이 있는 반면 중국말에는 존댓말이라는 의미가 없다고 합니다.

그래서 저희들은 교수님께 다가가기 어려운 부분이 다소 있었지만 중국인 친구들은 친근하게 교수님께 다가가 질문하는 모습을 보고 놀랐던 적이 있었습니다.

이처럼 다른 문화를 이해하고 배울 수 있었던 좋은 경험이 되었습니다.

◎ 행복이란 무엇인가? (KE)

> 〈면접관 의도〉: 표현력, 어휘력, 가치관
> 〈KEYWORD〉 : 긍정적 어휘 사용

◎ 20대 고객은 왜 대하기가 어려운가?

예 20대는 가장 대담한 나이라고 생각합니다.

어엿한 직장인이거나, 또한 사회인이 될 준비를 하는 나이라서 도전적이고 활기찬 사람이 많다고 생각합니다.

이러한 고객에게는 많은 칭찬을 통해 공감하면서 얘기하는 것이 좋다고 생각합니다.

◎ 당신이 오너라면 어떻게 임금을 책정하겠는가? (KE)

〈KEYWORD〉
1. 승무원에 대한 목표의식
2. 회사의 규정에 따른 책정의 타당

예 지원자 본인은 승무원의 꿈을 이루기 위해 정진해 온 바, 임금에 대해서는 생각해 본 적은 없으며 회사에는 정해진 합리적이고 타당성 있는 규정이 있으리라 사료되어 회사에 일임하는 것이 타당하다고 생각합니다.

◎ 연봉이 높지 않아도 제주항공에 다니겠는가? (7C)

예 승무원이라는 꿈을 안고 이곳까지 달려왔기 때문에 연봉에 대해 크게 생각을 해본 적이 없습니다. 그렇기 때문에 어느 정도의 연봉이 높고 낮은지 잘 알지 못합니다.

◎ 옆사람에게 하고 싶은 말은?

> 〈면접관 의도〉: 품성, 상대방을 배려하는 마음, 표현력
>
> 〈KEYWORD〉
> ① 긍정적 어휘 사용
> ② 상대방을 절대로 비하하지 말고 상대방을 칭찬하라.
>   (배려하는 MIND를 보여주어라.)

예 저의 옆 지원자는 오늘 처음 보았지만 훤칠한 키와 나긋한 목소리로 다방면의 매력을 가진 것 같습니다. 첫인상이지만 옆 지원자의 장점이 더 많이 보이는 것 같습니다.

◎ 여기 있는 지원자 중 한 사람만 채용한다면 누구를 선택할 것인가?

〈면접관 의도〉: 품성, 상대방을 배려하는 마음

〈KEYWORD〉

① 긍정적 어휘 사용

② 상대방을 절대로 비하하지 말고 상대방을 칭찬하라

③ 승무원으로서 최대한 준비되어 있음을 나타내라.

◎ 여자가 담배 피는 것에 대해 어떻게 생각하는가?

예 개인적인 기호라고 생각하지만 흡연으로 인해 여성은 불임과 건강에 대해 안 좋은 단점이 있어 단호히 반대하는 입장입니다.

◎ **여성의 명품 선호도에 대해서는?**

예 여성이라면 명품을 소유하고 싶은 욕망을 가지고 있으나 자기 직분에 맞는 소비가 중요한바 무조건적이라고는 생각하지 않습니다. 특히 승무원은 해외에 나가는 기회가 많으므로 나 하나의 불법적인 행동으로 인하여 회사에 누가 되는 행동은 있어서는 안 된다고 생각합니다.

◎ **본인의 멘토는 누구인가?**

◎ 가장 존경하는 인물은 누구인가?

〈면접관 의도〉: 인생의 진로에 대한 성향 파악과 그 영향까지가 질문의 핵심

〈KEYWORD〉
1. 존경하는 이유
2. 자신의 인생에 미친 긍정적인 영향을 설명하라.

예 승무원을 목표로 하는 지원자로서, 최초의 여승무원인 '엘렌 처치'는 과연?

(6) 항공사 관련

⊙ 전체 ···

〈면접관 의도〉

1. 지원한 항공사에 대하여 얼마만큼 알고 있는지?

  최근 회사 소식, 최근 광고, 항공 노선, 신규 취항지 & 취항 도시 및 국가,
  항공기 보유 대수 및 특징, 항공사 이념, 추구하고 있는 목표 등

〈KEYWORD〉

1. 항공사 관련 Homepage를 통한 철저한 조사와 분석 자료 파악(주 1회 정도)
2. 항공 업무지식 활용
3. 표현력, 어휘력

◎ **대한항공하면 생각나는 것에 대해 말해보시오. (KE)**

〈면접관 의도〉: 회사에 대한 이해도. 얼마만큼 항공사에 대해 알고 있는가?

〈KEYWORD〉

1. 타 항공사와의 차별화된 내용을 설명
2. 홈페이지를 방문하여 그 항공사만의 특징 및 최근 기사를 확인
3. 고객 만족도 파악 등의 답변을 통해 준비된 지원자 인식 부여

예 항공기의 태극마크는 전 세계 속에 대한민국이라는 이미지로 고려청자
와 이조백자의 조화 있는 색채의 한국의 멋을 자랑하는 유니폼과 머큐리

상에 빛나는 우리 고유의 비빔밥을 제공하며 한국의 맛을 자랑하는 명실상
부 대한민국을 상징하는 국적 항공사로 최대의 자부심을 갖게끔 하는 항공
사입니다.

유사 질문

◎ 제주항공의 승무원 이미지는 어떻다고 생각하는가?

◎ 진에어에 대해 아는 바를 말해보시오.

◎ 에어서울에 대해 아는 바를 말해보시오.

◎ 에어부산하면 떠오르는 것은?

◎ 티웨이항공 기업문화를 어디에서 느껴 보았는가?

◎ **유니폼에 대해서 고쳐야 할 점이 있다면 무엇인가? (KE)**

예 제가 입사하고 싶은 많은 이유 중 하나가 대한항공 유니폼 때문입니다. 이탈리아의 디자이너 지안 프랑코 페레의 작품으로 고려청자와 이조백자를 떠올리게 해 한국 고유의 멋을 잘 나타내고 있어 저는 고쳐야 할 점을 아직 잘 모르겠습니다. 하지만 입사 후 제가 착용해본 후 개선할 점이 있다면 보고서를 제출하도록 하겠습니다.

◎ 비빔밥 먹는 법을 외국인에게 설명하시오. (KE)

1. Put the steamed rice into the BIBIMBAP bowl.
2. Add the sesame oil and pepper paste as you want. The paste might be spicy.
3. Mix the ingredients well.
4. Soup and side dish are included with your BIBIMBAP dish.

◎ 최근에 읽은 아시아나 기사는? (OZ)

〈KEYWORD〉
1. 자신이 아시아나항공에 대해 얼마나 관심이 있는지 어필할 수 있다.
2. 미리 항공사의 홈페이지에 방문하여 최근 기사를 확인하도록 한다.

◎ 아시아나항공의 어떤 이미지를 보고 지원하려 하는가? (OZ)

〈KEYWORD〉
1. 항공사에 대한 질문은 무조건 항공사를 칭찬하라.
2. 항공사의 장점을 풀어 자신의 아시아나항공에 대한 느낌을 말한다.

◎ 아시아나항공의 개선점

〈KEYWORD〉
개선할 부분에 대해 부정적으로 답변하지 않고, 아직 개선할 부분을 지적을 할 위치가 아니므로 차후에 승무원이 되어 근무하면서 회사의 발전을 위해 개선할 부분이 있다면 아시아나인으로서 적극적으로 의견을 제시할 것임을 말한다.

◎ 아름다운 기업이란 무엇이라 생각하는가? (OZ)

〈면접관 의도〉
1. 항공사에 대해 어느 정도 파악하고 있는가?
2. 자기만족의 척도

〈KEYWORD〉
1. 기업의 사회적 역할
2. 인간관계 형성
3. 회사를 통한 자기계발 능력 발휘

예 아시아나항공에서 말하는 아름다운 기업 (OZ)

지탄 받지 않고 약속한 바를 꼭 지키며 건실하고 신뢰받는 기업

사회적 책임과 기업으로서의 역할을 다하고 사회에 공헌하는 기업

유사 질문

◎ 좋은 직장이란 무엇이라고 생각하는가? (KE)

> ⟨KEYWORD⟩
> 1. 기업은 곧 인간이라는 대한항공 슬로건을 칭찬하면서 대한항공 회사를 부각시킨다.
> 2. 좋은 직장이란 사람을 먼저 생각하는 직장이라고 표현하는 것.

예 제가 생각하는 좋은 직장은 그 회사의 업무를 통해 내부구성원들이 자신을 성장시키고 개발하며 그로 인해 자기만족을 이끌어내는 회사라고 생각합니다. 그러므로 직원들을 위해 다양한 복리후생제도는 물론, 업무를 통해 세계문화를 경험하고 이해하여 저 스스로를 성장시킬 수 있는 대한항공은 저에게 있어 더할 나위 없이 좋은 직장이라고 생각합니다.

◎ 좋은 서비스란 무엇이라 생각하는가? (OZ)

〈KEYWORD〉
1. 고객의 입장에서 생각하는 서비스를 하는 것이 바람직하다.
2. 고객이 만족하여 다시 찾는 항공사의 IMAGE가 중요하다.

유사 질문

◎ 아시아나항공 면접 준비를 많이 해왔을 텐데 CF 중 꼭 최근 것이 아니어도 되니까 소개해 보시오.

◎ 최근에 본 OO항공의 광고는? (ALL)

◎ 광고주라면 어떠한 광고를 만들겠는가? (ALL)

◎ 안전과 서비스 중 어느 것이 중요하다고 생각하는가? (ALL)

〈면접관 의도〉
1. 두 가지 모두가 중요하다.
2. 어떻게 선택하여 설명하며 보충하는가를 파악

〈KEYWORD〉
1. 하나가 아닌 두 가지 모두가 중요함을 설명
2. 반드시 순서에 의한 답변이 중요

예 승무원에게는 안전과 서비스 모두가 중요하다고 사료됩니다. 하지만 승객의 안전이 보장되어야 편안하고 안락한 서비스가 제공될 수 있다고 생각합니다.

◎ SKY TEAM과 STAR ALLIANCE의 다른 점은 무엇인가? (KE, OZ)

예 SKY TEAM은 승객 분에게 편리한 서비스와 다양한 노선을 제공해드리고 있으며 20개국의 동맹국이 가입되어 있고, 대한항공이 주최하여 만든 협력체입니다. 반면 STAR ALLIANCE는 최초의 항공동맹이며 OZ 항공사를 포함하여 많은 국가들이 가입해 있습니다. 이로 인해 모두 승객들에게 편리함을 위한 서비스를 제공하고 있습니다.

대형 항공사

1) 대한항공 IATA(KE), ICAO(KAL)

항공권식별번호	180
부호	항공사 호출부호 (KOREAN AIR)
설립일	1946년 3월 01일 대한국민항공
	1962년 3월 26일 대한항공공사
	1969년 3월 01일 대한항공
허브공항	인천국제공항(국제선), 김포국제공항(국내선)
보유항공기수	A380 10대 포함 166대(화물 29대 포함)
취항지수	44개국 128개 도시
항공동맹	스카이팀
슬로건	Excellence In Flight

대한항공 면접질문

1. 항공사 관련(관심도)

◎ 대한항공에 대해 아는 것이 있다면 무엇이 있습니까?
  (대한항공에 대해 아는 것 세 가지만 말해보시오.)

◎ 대한항공이 전 세계적으로 취항하고 있는 나라 수와 도시 수는?
  128개 도시

◎ 대한항공이 보유하고 있는 비행기 총 대수는?
  총 181대(훈련기 포함)

◎ 대한항공이 현재 보유하고 있는 항공기 유형(type)은?
  최첨단 기종인 B787, B777, B747-400, B747-800, A330, CS300 등

◎ 대한항공이 최근 미국에서 들여온 최신 비행기 이름은?
  B787

◎ 대한항공이 최근 취항한 곳은?
  크로아티아의 자그레브(ZAG), 산야(SYX)

◎ 대한항공이 취항하고 있는 우리나라의 (도시 수와) 도시 이름은?
  국내 서울(ICN, GMP), 대구(TAE), 부산(PUS), 광주(KWJ), 울산(USN),

포항(KPO), 원주(WJJ), 진주(HIN), 군산(KUV), 목포(MPK), 여수(RSU), 제주(CJU), 청주(CJJ), 강릉(KAG), 양양(YNJ) 등

일본 동경(NRT, HND), 오사카(KIX, ITM), 나고야(NGO), 오키나와(OKA) 등

중국 북경(PEK), 청도(TAO), 상해(SHA, PVG), 심양(SHE), 천진(TSN), 홍콩(HKG), 산야(SYX) 등

동남아 방콕(BKK), 뭄바이(BOM), 다낭(DAD), 자카르타(CGK), 쿠알라룸푸르(KUL), 싱가포르(SIN), 마닐라(MNL) 등

미국 로스엔젤레스(LAX), 샌프란시스코(SFO), 라스베이거스(LAS), 댈러스(DFW), 앵커리지(ANC), 뉴욕(JFK), 시카고(ORD), 애틀랜타(ATL), 호놀룰루(HNL), 워싱턴(IAD), 보스턴(BOS) 등

캐나다 밴쿠버(YVR), 토론토(YYZ)

남미 상파울루(GRU)

구주 파리(CDG), 취리히(ZRH), 런던(LHR), 프랑크푸르트(FRA), 로마(FCO), 모스크바(MOW) 자그레브(ZAG) 등

대양주 시드니(SYD), 오클랜드(AKL), 브리즈번(BNE), 크라이스트처치(CHI) 등

◎ 대한항공이 취항하고 있는 일본의 (도시 수와) 도시를 몇 개 들어 보세요.

◎ 대한항공이 취항하고 있는 중국의 도시 수와 도시 이름은?

◎ 대한항공이 취항하고 있는 동남아의 나라 이름과 도시 이름은?

◎ 대한항공이 취항하고 있는 북미주(North America)의 도시를 몇 개 들어 보세요.

◎ 대한항공이 취항하고 있는 미국의 (도시 수와) 도시 이름은?

◎ 대한항공이 취항하고 있는 캐나다의 도시 이름은?

◎ 대한항공이 취항하고 있는 남미의 나라 이름과 도시 이름은?

◎ 대한항공이 취항하고 있는 구주(Europe)의 나라 이름과 도시 이름은?

◎ 대한항공이 취항하고 있는 대양주(Oceania)의 나라 이름과 도시 이름은?

◎ 대한항공이 민영화한 이후 올해로 몇 년째가 됩니까?

    창립 50주년

◎ 대한항공이 민영화한 해는?

    1969년 3월 1일

◎ 대한항공의 사훈은?

    A : 창의와 신념, 성의와 실천, 책임과 봉사

◎ 대한항공의 현 사장님 이름은?

    조원태

◎ 대한항공의 현 종업원 수는?

약 18,700명(2018년 9월 현재)

◎ 대한항공의 지난해 총 매출액은?

약 3조 5,179억 원(2018년 9월 현재)

◎ 대한항공의 현 자본금은?

약 3조 6,032억 원(2018년 9월 현재)

◎ 대한항공의 주력 업종은?

A : 항공운송, 항공기 제조사업, 기내식사업, 면세점사업, 호텔사업, 리무진 사업

◎ 대한항공이 세계 항공사와 대비한 외형적 규모는?

1) 여객 :

2) 화물 :

◎ 한진그룹의 기업문화에 대해 아는 것이 있다면?

◎ 우리 회사 경영이념은?

◎ 우리 항공사 홈페이지에 대해 말씀해보세요.

◎ 대한항공의 역사와 현 위치는?

◎ 대한항공이 왜 명품항공사인가?

◎ 대한항공 이미지는?

◎ 우리 항공사의 사회공헌 사례는?

  ① 문화 예술 발전 : 첨단화된 관람 장비 프로젝트 후원으로 한국어 작품
     안내 서비스 실시
     2007년 프랑스 루브르 박물관, 2008년 러시아 에르미타주 박물관,
     2009년 영국 대영 박물관

  ② Sports 후원
     2011년 Speed 스케이트 팀, 1973년 여자 탁구 팀, 2005년 남자 배구 팀

  ③ 사회봉사
     1) 사랑의 집짓기, 2) 1사 1촌, 3) 하늘 사랑 바자회, 4) 재난 구호 활동

◎ 대한항공에 대해 아는 대로 말해보세요.

◎ 대한항공을 타본 경험, 서비스 면에서 장단점은?

◎ 대한항공 지원 동기는?

◎ KAL에 들어오면 무엇을 얻을 수 있다고 생각합니까?

◎ SKY TEAM에 대해 설명해 보세요.

◎ 대한항공 마일리지 제도를 설명해 보세요.

◎ SKY PASS에 대해 설명해 보세요.

◎ MORNING CALM 프리미엄 클럽이란?

◎ 대한항공 기내잡지는 무엇인가?

　　MORNING CLAM

◎ 대한항공이 화물, 여객 수송량에서 세계 몇 위의 항공사인지 알고 있습니까?

◎ 우리 회사의 금연석은 몇 %입니까?

　　전 노선의 금연

◎ 아시아나항공과 비교한 대한항공의 이미지와 성공 전략은?

◎ 우리 유니폼의 장단점은?

◎ 기억에 남는 광고는?

◎ 저가 항공사와 우리 항공사를 비교해 보세요.

◎ 저가 항공사에 대해 설명해 보세요.

2. 승무원 자질 및 적합성(지원 동기, 조직 적응력)

◎ 본인을 꼭 뽑아야 하는 이유는?

　　〈KEYWORD〉 : 승무원이 되기 위한 노력과 준비해온 과정을 설명
　　　　　　　　　(외국어, 미소, 배려, 항공 업무 등)

◎ 지원경험이 있는데 떨어진 이유는?

　　〈면접관 의도〉 : 개선 여부

〈KEYWORD〉: 부족했던 점을 인정하고 이를 개선하여 다시 지원하였음을
설명

◎ 승무원에게 필요한 자질 3가지를 말해보시오.

〈면접관 의도〉: 승무원 업무 이해

〈KEYWORD〉: 투철한 서비스 정신, 시간 관리 능력, 대처 능력, 국제적인
마인드, 팀워크 등 자질을 하나만 말하지 않기

예 승무원이 갖춰야 할 자질에는 투철한 서비스 정신과 Global 시대의 국제
적 Mind, 업무 특성상의 Teamwork 등 다양한 자질이 있습니다. 또한 승객
의 안전을 위해 책임감과 자신감도 좋은 예라고 생각합니다.

◎ 우리 회사를 지원하게 된 이유는 무엇입니까?

◎ 승무원이 되기 위해 어떤 노력을 했나요?

◎ 여승무원이 되고자 하는 이유는 무엇입니까?

◎ 여승무원이 되기 위해 주로 누구와 상의했습니까?

◎ 만약 합격이 되지 않는다면 어떻게 하겠습니까?

◎ 입사 후 포부는?

◎ 서비스란 무엇인가?

◎ 승무원에게 가장 중요한 것은?

◎ 승무원의 장점과 단점은?

◎ 남편이 승무원 일을 반대한다면 어떻게 할 것인가?

◎ 성격이 승무원 서비스직에 어울린다고 생각하는지, 그 이유는?

◎ 서비스 업무에서 가장 중요시하는 것은?

◎ 자신만의 서비스전략은?

◎ 입사 후 얼마나 근무할 것인가?

◎ 회사원으로서 어떠한 마음가짐으로 임해야 한다고 생각합니까?

◎ 바람직한 직장 인상은?

◎ 회사에서 만약 동료나 상사의 부정을 알게 된다면?

◎ 같이 일하는 동료의 단점을 어떻게 지적할 것인지?

◎ 회사 조직원들과 마음이 안 맞는다면 어떻게 대처하겠습니까?

◎ 직장상사와 업무상 심한 의견충돌이 있었다면?

◎ 당신보다 나이 어린 사람이 선배 행세를 한다면?

◎ 협조를 하지 않고 제멋대로만 하는 남성 동료가 있다면?

◎ 선배 직원이 당신에게만 힘든 일을 계속 시킨다면?

◎ 상사가 당신에게 차(茶)를 요구하는 등 잔심부름을 시킨다면?

◎ 업무가 바빠서 휴가를 허락할 수 없다는 상사의 지시가 있다면 어떻게 하겠습니까?

◎ 하기 싫은 일이 주어진다면 어떻게 하겠습니까?

◎ 공휴일이나 명절 때 출근에 대하여 어떻게 생각합니까?

◎ 데이트 약속과 부서회식이 중복된다면?

◎ 불규칙한 승무원 스케줄 때문에 가족의 경조사에 참여하지 못한다면 어떻게 하
  겠는가? (조직적응력 의도 및 Keyword 참조)

◎ 저녁에 데이트 약속이 있는데 갑자기 비행할 일이 생긴다면?

◎ 회사 혹은 가정 둘 중에 어떤 것이 먼저입니까?

◎ 입사 후 몇 년 정도 근무할 생각입니까?

◎ 결혼하면 직장생활은 어떻게 할 생각입니까?

◎ 당신의 일과 결혼 중 어느 것이 더 중요하다고 생각합니까?

◎ 입사동기가 당신보다 먼저 승진했다면?

◎ 기내영화로 추천할 만한 영화는?

◎ 기내식으로 추천할 만한 음식은?

◎ 시간외 근무를 어떻게 생각합니까?

◎ 바람직한 여승무원으로서의 자세에 대해 말해보시오.

◎ 여승무원 직업이란 무엇을 해야 한다고 생각합니까?

◎ 4S에 대해서 말해보시오.

SMILE, SMART, SPEED, SINCERITY

◎ 비행기가 위험하다고 생각하지 않습니까?

◎ 승무원 직업의 어려움은 무엇이라고 생각합니까?

◎ 서비스 질의 향상 방안은?

◎ 편안한 SVC를 얼굴 표정으로 나타내 보십시오.

◎ 이상적인 승무원이 되기 위해 평소에 어떤 노력을 하십니까?

◎ 서비스의 요건은 무엇이라고 생각합니까?

◎ 만약 합격한다면 입사 시까지 무엇을 할 생각입니까?

〈KEYWORD〉 : 승무원 업무를 위한 외국어 능력 향상 등의 자기개발적인 면
을 Appeal한다.

3. 표현력 & 어휘력(천천히, 또박또박)

자기 생각의 관점이 개개인이 다른 바, 여러분만의 답변이 필요하여 필자의
생각을 예로 들지 않았다.

◎ 오늘 신문의 헤드라인은?

◎ 1000만원을 줍는다면?

〈면접관 의도〉 : Mind

◎ 직장을 옮기려는 이유는?

◎ 사복 차림과 정장 차림 업무에 대한 비교와 자신의 생각은 무엇인가?

◎ 키 제한을 두는 이유는?

안전을 위한 OVERHEAD BIN과의 팔 길이

◎ 성형수술을 한다면 어디를 하고 싶은가?

◎ 면접관 중 점수를 가장 짜게 줄 것 같으신 분?

◎ 서비스 3행시를 지어 보세요.

◎ 첫 월급으로 뭐 할 것인지?

◎ 우리 회사의 초임은 _____원인데 그 보수에 만족합니까?

◎ 나이 많은 사람들이 서비스하는 것에 대해 어떻게 생각하는지?

◎ 한국인 승무원들은 왜 이렇게 다들 나이가 어리고 젊으냐고 연륜이 없어 보인다고 말씀하신다면?

◎ 인터넷상에 은어가 많은데 어떻게 생각합니까?

◎ 지금 이 분위기를 고사성어로?

◎ 고추장을 10개 달라고 하는 승객에게는?

◎ 청년실업, 어떤 해결책이 있는가?

◎ 주 5일제로 인해 항공사에 미치는 영향?

◎ 승무원에 대한 편견?

◎ 고객 불만에 대한 본인만의 노하우는?

◎ 어머니와 남편이 함께 물에 빠졌다면 누구를 먼저 구하겠습니까?

◎ "손님은 왕이다"라는 말에 동의합니까? 그 의미는 무엇이라고 생각합니까?

◎ 외국인이 결혼하자고 청혼한다면?

◎ 어떤 고객이 상대하기 힘든 고객이라고 생각합니까?

◎ 외국 출장 시 돈, 여권, 신용카드 등이 있는 지갑을 분실하였다면?

◎ 당신의 능력을 월급으로 환산하면 얼마라고 생각합니까?

◎ 회사에서 여사원의 역할을 어떻게 생각합니까?

◎ 임금이나 승진 등에 있어 남녀 차이에 대한 생각은?

◎ 여성의 사회 진출에 대하여 어떻게 생각합니까?

◎ 남녀고용평등법에 대하여 어떤 생각을 가지고 있습니까?

◎ 직장은 당신에게 어떤 의미를 준다고 생각합니까?

◎ 입사시험에 사회봉사활동 점수를 감안한다면 어떻게 하겠습니까?

4. 개인 및 기타(항공 지식)

◎ 본인의 장점과 단점을 말해보세요.

◎ 본인의 취미 / 특기는?

◎ 본인의 성격은 어떠한가요?

◎ 본인의 좌우명은?

◎ 본인의 대학생활 중 기억에 남는 것은?

◎ 지금껏 가장 슬펐을 때, 기뻤을 때는?

◎ 출신학교 자랑을 해보세요. 자기 고향 자랑을 해보세요.

◎ 전공과목에 대해 설명해 주세요.

◎ 자신과 어울리는 색은?

◎ 어떤 타입의 사람과 잘못 지내나요?

◎ 면접기회는 몇 번이 적당하다고 생각하는가?

◎ 면접 준비하면서 가장 어려웠던 것은?

◎ 새로운 취항지 추천을 한다면?

◎ 승무원이 되면 꼭 가고 싶은 나라는?

◎ 승무원의 해외 체류 기간을 뭐라고 부르는가?

◎ 여권과 비자의 차이점은?

◎ 본인의 생활신조가 무엇인지 그리고 왜 그런 신조를 갖게 되었는지?

◎ 승객이 돈을 빌려 달라고 한다면?

◎ 승무원으로서 회사의 발전과 개인의 발전 중 어떤 것을 더 중요하게 생각하는가?

◎ 대기업의 커피산업, 제과점 진출?

◎ 외국인에게 한국 소개를 해보시오.

◎ 학교 다닐 때 동아리 활동을 했습니까?

　〈면접관 의도〉: 학생 활동 외의 동아리인지 여부 파악

◎ 비행기가 나는 원리에 대하여 설명해 보시오.

◎ 비행속도에서 "마하"란 무엇입니까?

◎ 비와 안개 중 비행기 이륙에 더 방해가 되는 것은?

◎ 위로 올라갈수록 기압은 어떻게 됩니까?

　객실 내 여압의 상승

◎ 비행기로 미국 갈 때와 올 때 비행시간이 틀린 이유는?

　편서풍의 영향

◎ 영국과 한국의 시차는?

GMT + 9

◎ 해외여행 시 반드시 필요한 것은?

PASSPORT, VISA, 항공권

◎ 여행자수표와 현금의 차이점은?

◎ 유럽 중 이탈리아(프랑스, 독일, 스위스)의 화폐 단위는?

◎ 브라질은 어떤 언어를 사용합니까?

포르투갈어

◎ 비자가 반드시 필요한 나라 3~4개국만 열거해 보시오.

미국, 호주, 중국, 인도 등

◎ 대양주에 대해 설명해 보세요.

◎ A380 노선에 대해 말해보세요.

m / e / m / o

2) 아시아나항공 IATA(OZ), ICAO(AAR)

항공권식별번호	988
부호	항공사 호출부호 (ASIANA)
설립일	1988년 2월 17일
허브공항	인천국제공항(국제선), 김포국제공항(국내선)
보유항공기수	TOTAL : 83대(2019년 4월 현재)
취항지수	85개 도시
항공동맹	STAR ALLIANCE(SQ, TG, CA, NH, UA, AC 등)
슬로건	<u>아름다운 사람들</u>
인재상	성실하고 부지런한 사람
	연구하고 공부하는 사람
	진지하고 적극적인 사람
SVC MOTTO	참신한 서비스
	정성 어린 서비스
	상냥한 서비스
	고급스런 서비스

아시아나항공 면접질문

1. 항공사 관련(관심도)

◎ 아시아나에 대해서 알고 있는 것은?

◎ 최근 아시아나항공에 대한 기사에 대해 말해보시오.

◎ 아시아나항공의 미국 취항 노선은?

◎ 서비스를 제외하고 아시아나항공에 대해 아는 것은?

◎ 금호 아시아나와의 자신만의 연결고리는?

◎ 아시아나항공 홈페이지에서 이것 하나는 "진짜 좋다"라고 생각하는 것은?

◎ 추천하고 싶은 여행지는?

〈KEYWORD〉: 항공 업무지식을 최대한 활용

(기 설명한 바와 같이 항공사 취항지 중에 공항 코드 2개 이상 활용하여 승무원으로 준비되어 있음을 나타내는 것이 좋다.)

예 제가 추천하고 싶은 여행지는 저의 첫 자유 여행지였던 오사카입니다. 그곳은 간사이공항(KIX)과 이타미공항(ITM) 2곳이 위치하고 있으며 HUB 공항으로의 역할을 하고 있습니다. 또한 아름다운 야경 속에 다양한 먹거리 와 여성들만 다녀도 걱정이 없는 안전한 치안과 다양한 볼거리로 초보 여행자들을 여행 마니아로 현혹시키는 매력이 있는 일본 오사카를 추천하고 싶습니다.

2. 승무원 자질 및 적합성(지원 동기, 조직 적응력)

◎ 아시아나항공에서 어떤 승무원을 채용하고 싶을 것 같은지?

◎ 언제부터 승무원이 되고 싶었으며 준비한 점은?

◎ 당신을 뽑아야 하는 이유는?

◎ 합격된다면 어떤 승무원이 되고 싶나요?

◎ 승무원에게 가장 필요한 자질은?

◎ 내가 가진 승무원의 자질은 무엇인가?

◎ 승무원이 되기 위해 노력했던 부분은?

◎ 합격된다면 어떤 점이 가장 힘들 것 같은가?

◎ 직장 상사와 수월한 관계를 유지하는 나름의 방법은?

◎ 10년 뒤의 자기 모습을 상상한다면?

◎ 아시아나항공과 연관된 자신의 강점은?

◎ 아시아나항공에 입사한 후 하고 싶은 기내서비스는?

◎ 합격을 가정하고 10년 후 사무장이 되어 있지 않으면 어떻게 하겠는가?

◎ 승무원이 되면 자신은 어떤 것이 가장 자신 있는지?

◎ 기내에서 진상손님 대처법은?

◎ 승무원이 된 후 회사에서 개선할 부분에 대해 말해주세요.

◎ 옆 지원자를 칭찬해보세요.

◎ 승무원을 한 단어로 표현한다면?

〈KEYWORD〉: 승무원이라는 직업 존경하며 업무에 대한 설명

◎ 기억에 남는 서비스(항공사 제외)

〈KEYWORD〉: 고객의 입장에서 생각하는 서비스를 예로 드는 것.

〈유시 질문〉: 진정한 서비스는 무엇이라 생각하는가?
　　　　　　감동 받았던 서비스 경험은?

3. 표현력 & 어휘력

◎ 자신 있게 준비된 질문과 답변을 말해보세요

◎ 사회에서 느낀 부조리에 대해서 말해주세요.

◎ 비행기에서 졸리면 그 졸음을 어떻게 이겨낼 것인지?

◎ 처음 비행기를 탔을 때 서비스를 받은 느낌은 어땠나요?

◎ 지진이 다시 발생한다면 어떻게 대처할 것인지?

◎ 살면서 가장 기억에 남는 선물은?

◎ 인생의 좌우명을 한 문장으로 설명해 보세요.

◎ 살면서 결정했던 것들 중 가장 잘했다고 생각한 것은?

◎ 혼자 사는 남성이 만들 수 있는 간단한 요리를 추천해 주세요.

◎ 최근 이슈에 대해 말해보고, 자신의 생각 말해보세요.

◎ 취업하면 경제적으로 지금보단 나아질 텐데 하고 싶은 취미는?

◎ 가장 가고 싶은 버킷리스트 여행지는 어딘가요?

◎ 외국인들에게 추천하고 싶은 음식은?

◎ 면접 끝나고 스케줄은 어떻게 되는지?
  〈KEYWORD〉: 눈에 띄는 답변보다는 자기개발을 위한 시간을 보내겠다는
  답변

◎ 나란 사람은 어떤 사람인가?
  〈KEYWORD〉: 긍정적으로 표현하며 뻔뻔하게 자기 자랑을 하라. 좋은 기회
  이다.

4. 개인 및 기타

◎ 돈을 벌고 난 후 하고 싶은 취미생활은?

◎ 봉사활동이나 아르바이트 경험 중 한 가지를 얘기하고 그 경험을 통해 무엇을 배웠는지?

◎ 무인도에 간다면 가져가고 싶은 2가지를 말해보세요.

◎ 자신의 성격의 단점은?

◎ 첫 월급을 타면 뭘 하고 싶은지?

◎ 오늘 날씨가 좋던데 하늘을 보면서 무슨 생각이 들었나요?

◎ 언니가 있는 경우 언니랑 싸우면 어떻게 푸는지?

◎ 면접장까지 오면서 들었던 생각은?

◎ SNS 중 어떤 것을 사용하며 어떤 식으로 사용하는지?

◎ 최근에 읽은 책은?

◎ 스트레스 해소법은?

◎ 맛집을 소개해 주세요.

◎ 건강관리를 어떻게 했는지?

◎ 자신만의 강점이 뭐라고 생각하나요?

◎ 지금 가장 먹고 싶은 음식은 뭔가요?

◎ 본인 전공과 승무원의 연관성은?

◎ 면접이 끝나면 무엇을 할 것인지?

◎ 주변인이나 친구들이 본인을 부르는 별명이 있는가?

〈KEYWORD〉: 긍정적인 단어 사용으로 나를 나타내라.

◎ 졸업 후 한 일

〈KEYWORD〉: 객실승무원이 되기 위해 노력한 점과 자신에게 투자한 것을
표현

m/e/m/o

저비용 항공사(LOW COST CARRIER)

1) 제주항공 IATA(7C), ICAO(JJA)

부호	항공사 호출부호 (JEJU AIR)
허브공항	인천국제공항(국제선), 제주국제공항(국내선)
포커스 시티	제주국제공항
항공동맹	밸류 얼라이언스
보유항공기수	40대
취항지수	60개 도시
설립일	2005년 1월 25일
슬로건	New Standard, Refresh

〈경영 이념〉

회사의 미션과 비전을 공유하고 회사가 추구하는 경영 가치 체계인 안전, 저비용, 도전, 팀워크, 신뢰 핵심가치를 공감한다.

제주항공 면접질문

1. 항공사 관련(관심도)

◎ **제주항공의 단점과 장점을 말해보시오.**

〈면접관 의도〉 : 항공사에 대한 애정을 표현

〈KEYWORD〉 : 단점은 말할 단계가 아님을 밝힌다.

◎ **제주항공 CF 아이디어?**

〈면접관 의도〉 : 항공사에 관심도 파악

〈KEYWORD〉 : 항공사에 꾸준한 광고에 관심을 가지고 분석하고 있음을 표현

◎ **연봉이 높지 않아도 제주항공에 다니겠습니까?**

〈면접관 의도〉 : 회사에 대한 충성도

〈KEYWORD〉 : 연봉보다는 승무원이라는 꿈에 대한 실현에 대해 표현

◎ **제주항공에 도입할 비행기 기종?**

〈면접관 의도〉 : 회사의 관심도

〈KEYWORD〉

① Homepage 활용

② 본인의 근무 환경과 요건에 대해 인식하고 있음을 표현

◎ 제주항공의 승무원 이미지는 어떻다고 생각합니까?

〈면접관 의도〉 : 회사의 관심도

〈KEYWORD〉 : Homepage 활용

◎ 어떠한 Fun Service가 있는가?

게임 팀, 매직 팀, 뷰티플 플라잇, 일러스트 팀, 풍선의 달인, 악기 연주 팀, 제이제이 팀, JAFUN 팀

◎ 다른 사람에게 추천하고 싶은 제주항공의 특화 Service는?

◎ 제주항공 Model을 추천한다면?

◎ 부모님과 같이 가고 싶은 제주항공 취항지는?

2. 승무원 자질 및 적합성

◎ 승무원의 장점과 단점을 말해보시오.

◎ 결혼 후에도 계속 근무할 것인가?

〈면접관 의도〉 : 항공사에 장기 근무 여부의 적합한 인재인가 파악

〈KEYWORD〉 : 미래에 승무원으로서 전문가가 되어 있을 자신의 모습을 설명

◎ 항공용어 질문

〈KEYWORD〉 : 항공용어는 항공과를 재학한 사람에게 유리하게 적용되는 질문으로 자신 있는 분야에 승부를 걸어라.

◎ **자신의 어떤 점이 승무원과 잘 맞는 것 같습니까?**

〈면접관 의도〉: 본인과 승무원의 연관성

〈KEYWORD〉: 준비되어 있는 사람, 성실한 사람, 긍정적인 사람, 미래지향적인 사람

◎ **급하게 비행기를 타기 위해 가는데 골목에 임산부가 쓰러져 있다면?**

〈면접관 의도〉: 인성, 남을 배려하는 Mind

◎ **상사가 부당한 일을 지시한다면?**

〈KEYWORD〉: 조직 적응력 및 Teamwork를 강조하라.

◎ **자신을 채용해야 하는 이유?**

◎ **자신이 생각하는 Teamwork는?**

3. 표현력 & 어휘력

◎ **미소에 대해서 어떻게 생각하는가?**

〈KEYWORD〉: 표현력, 승무원에게 필요한 요소

◎ **Service를 하면서 감동을 주었던 기억은?**

◎ **다른 지원자와 달리 나만의 강점은?**

〈면접관 의도〉: 인성, 남을 배려하는 Mind

〈KEYWORD〉: 승무원이 되기 위해 준비되어 있음을 강조하라.

4. 개인 및 기타

◎ **사회봉사 경험이 있습니까?**

〈KEYWORD〉: 남을 배려하는 Mind 여부, 사회봉사를 통한 사회경험 여부

◎ **본인 성격의 장단점을 말해보세요.**

〈KEYWORD〉: 단점을 말하면서 단점을 긍정적인 마인드로 극복해내어 장점화 표현

◎ **본인의 장점이 승무원이 되어 강점으로 작용할 것은?**

〈KEYWORD〉: 본인의 장점을 항공사가 원하는 인재상에 부합함을 강조

◎ **준비한 것이 있는데 면접관이 하지 않은 질문은?**

〈KEYWORD〉: 승무원이 되기 위해 준비해 온 과정을 설명하라.

m / e / m / o

2) 에어부산(Air Busan / 釜山航空) IATA(BX), ICAO(ABL)

부호	항공사 호출부호 (AIR BUSAN)
설립일	2007년 8월 31일
허브공항	김해국제공항
보유항공기수	25대
취항지수	24개 도시
슬로건	여행의 지혜 Fly Smart.
	S : Smile
	M : Merry
	A : Ative
	R : Reliable
	T : Thankful
〈경영 이념〉	① 완벽한 안전
	② 편리한 서비스
	③ 실용적 가격으로 최고의 고객가치 창조

VISION : 업계 최고 1등의 기업 가치를 창출하는 아름다운 기업

에어부산 면접질문

1. 항공사 관련(관심도)

◎ 저가 항공사에 대하여 어떻게 생각하나요?

◎ 에어부산에 대하여 아는 대로 말해보세요.

〈기내 감동 서비스〉

1) Letters to AIR BUSAN : Homepage 이용, 2) Magic 서비스,

3) 타로 서비스, 4) Blue Beauty 서비스 등

◎ 에어부산 유니폼에 대하여 어떻게 생각하나요?

◎ 에어부산에서 현재 취항중인 도시에 대해 설명해 보세요.

◎ 에어부산의 이미지는 어떤가요?

〈KEYWORD〉 : 회사의 관심도, Homepage 활용

◎ 다른 항공사의 면접에서 합격한다 해도 에어부산을 선택할 건가요?

◎ 에어부산의 승무원으로서 서비스의 가장 중요한 점은?

〈KEYWORD〉

① 에어부산만의 특징과 장점을 언급

② 회사를 통한 자기개발 표현

2. 승무원 자질 및 적합성

◎ 에어부산 지원 동기는?

〈KEYWORD〉

자신이 노력한 점+현재의 부족한 위치+입사 후 자기개발을 통한 발전

◎ 승무원으로서 서비스와 안전 중 어떤 것이 더 중요한가요? (기존 답변 참고)

◎ 승무원이 되면 가장 먼저 해보고 싶은 것은?

〈KEYWORD〉 : 회사를 통한 자기발전에 기여. 승무원의 장점과 결합하여 답할 것

예 문화체험을 통한 문화 이해, 국제적인 감각, 시야를 넓힌다 등

◎ 가고 싶은 여행지

〈KEYWORD〉 : 항공 업무지식 최대한 활용, 공항코드와 도시코드, 노선 암기!

◎ 합격하면 부산에서 살 수 있나요?

〈KEYWORD〉 : 자신감과 실천 가능한 자신만의 포부와 의지를 밝힐 것.

◎ 승무원이 되고 싶은 이유는 무엇인가요?

〈KEYWORD〉 : 다른 지원자들과 차별되는 자신만의 확실한 지원 동기!

① 승무원은 어떤 직업이며 어떤 업무를 수행하는지, 필요한 자질.

② 나의 비전 혹은 자기개발과 성장과정에 대해 생각

3. 표현력 & 어휘력

◎ 본인의 멘토는 누구인가요?

◎ 가장 존경하는 인물은 누구인가요?

◎ 면접 후 무엇을 할 것인지?

〈KEYWORD〉

① 자신의 열정과 준비성, 성실성을 보여 타 지원자와 차별화

② 면접 후 '효'를 강조하여 부모님과 함께할 것.

③ 임원 면접을 준비

◎ 면접에 오면서 어떤 교통수단을 이용했는지, 오면서 무슨 생각했는지?

◎ 면접에 오기 전 무슨 생각을 했는지?

4. 개인 및 기타

◎ 본인의 장점, 지금까지 살아오면서 가장 보람을 느꼈던 일은?

〈KEYWORD〉: 장점이나 주제의 근거가 될 충분한 사례나 스토리를 뒷받침.

◎ 본인에게 나쁜 버릇이 있다면 어떤 점인지? (단점)

〈KEYWORD〉: 단점을 인정하고 진정성 있는 의지와 태도로 개선하여 장점
화 변화

◎ 긴장을 풀기 위해 무엇을 하였는지?

〈KEYWORD〉

적극적으로 해결해 나가려는 태도 혹은 자신만의 경험을 통한 Know-how

m / e / m / o

3) 진에어(Jin Air) IATA(LJ), ICAO(JNA)

부호	항공사 호출부호 (JIN AIR)
설립일	2008년 1월 23일
허브공항	인천국제공항(국제선), 김포국제공항(국내선)
포커스시티	김해국제공항 제주국제공항
보유항공기수	27대
취항지수	30개 도시
슬로건	Fly, better fly
Symbol Mark	나비

VISION : 아시아 대표 실용항공사 진에어

Mission

① 합리적인 소비자가 선택하는 Smart & 실용 항공사

② 다양하고 차별화된 서비스와 즐거움을 제공하는 딜라이트 항공사

③ Global Standard 수준의 안전하고 신뢰 가는 항공사

진에어 면접질문

1. 항공사 관련(관심도)

◎ 진에어에서 최근에 진행한 이벤트를 알고 있는지?

◎ 최근에 읽은 진에어 관련 기사 (공통)

〈KEYWORD〉: 항공사 Homepage 및 관련 기사에 관심을 가지고 주 1회 접속

◎ 서비스 교육을 받는다면 어떤 교육을 받고 싶은지?

〈KEYWORD〉: 체계적으로 항공사만이 제공하는 서비스!

◎ "진에어 승무원 왜 이렇게 못생겼나요?"라고 한다면?

예 승객을 향한 마음만은 누구보다 아름답다고 하며 안전과 서비스만큼은
실망하지 않도록 목적지까지 최선을 다하겠다고 답변

◎ 고객과 기업의 이익 중 중요한 것은? (공통)

〈KEYWORD〉

기업의 이익은 곧 고객이다. 그렇기 때문에 고객이 이익보다 우선한다.

2. 승무원 자질 및 적합성

◎ 승무원 업무를 하게 된다면 어떤 점이 가장 힘들겠는가?

〈KEYWORD〉

승무원 업무의 단점까지도 이해하고 있으며, 충분히 감내할 수 있다는 각오와 의지를 표현

◎ 승무원이 되기 위해 얼마나 준비했는지?

〈KEYWORD〉

승무원에게 필요한 자질과, 이에 부합하여 자신이 노력하여 현재 갖춘 자질로 자신을 어필

◎ 비행에서 가장 중요한 것은?

〈KEYWORD〉

안전과 서비스, 어느 것 하나 결여되어서는 안 될 중요한 가치
안전이 선행된 후 고객만족을 위한 정성 어린 서비스

◎ 서비스직 경험은?

〈KEYWORD〉

① 고객을 만족시켰거나 칭찬받은 사례
② 실수나 부주의로 인해 당황스러운 상황에 부딪힌 사례. 이를 통해 깨달은 점과 성장한 점을 통해 적합한 자질을 갖춘 지원자라는 것을 표현하여 면접관에게 Appeal한다.
③ 단, 성격이나 태도 때문에 발생한 문제는 피할 것.

◎ 본인이 면접관이라면 어떤 지원자를 뽑을지? (공통)

〈KEYWORD〉

① 상대방을 비하하지 마라.

② 승무원이 되기 위해 준비되어 있는 사람임을 어필

3. 표현력 & 어휘력

◎ 스트레스 받으면 어떤 성향이고 어떻게 해소하는가?

〈면접관 의도〉 : 적극적으로 해결해 나가려는 태도

〈KEYWORD〉 : 스트레스는 절대로 받지 않는다는 답변은 피하라.

◎ 가장 최근에 실수한 경험은? (공통)

〈면접관 의도〉

자신의 실수를 인정하고 극복하고자 하는 진정성 있는 의지와 태도

◎ 식당에서 식사 후 결제를 하려는데 지갑이 없다. 어떻게 대처하시겠습니까? (공통)

〈면접관 의도〉 : 상황 대처에 대한 신속한 대응

예 주인에게 먼저 죄송함을 표하고 양해를 구한 뒤, 가까이에 있는 지인에게 와줄 것을 요청한 후 해결하겠다.

4. 개인

◎ 자신만의 서비스 철학

〈KEYWORD〉 : 경험을 통한 스토리텔링 방식으로 설명하며 좋은 서비스란

고객의 입장을 표현

◎ 평소 건강관리는 어떻게 하는지?

〈KEYWORD〉

평소의 생활 패턴을 강조하며 업무를 어떻게 수행할 수 있다고 표현

◎ 취미는? (공통, 영어질문)

〈KEYWORD〉

① 자기 계발에 도움이 될만한 것
② 어휘력과 표현력

m/e/m/o

4) 에어서울(AIR SEOUL) IATA(RS), ICAO(ASV)

부호	항공사 호출부호 (AIR SEOUL)
설립일	2015년 4월 7일
허브공항	인천국제공항
보유항공기수	7대
취항지수	19개 도시
슬로건	It's mint time
모회사	아시아나항공

〈4대 핵심 경영방침〉

① 전략 경영

② 인재 경영

③ 품질 경영

④ 윤리 경영

〈기업문화〉

① 소통하고 배려하는 조화로운 문화

② 변화를 두려워하지 않는 문화

③ 긍정의 에너지가 넘치는 창의적 문화

〈기업 목표〉

① 아름다운 기업

② 아름다운 사람

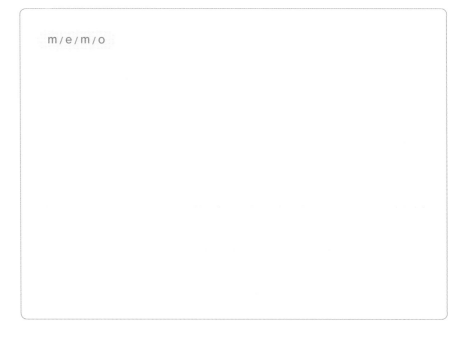

m/e/m/o

에어서울 면접질문

1. 항공사 관련(관심도)

◎ 에어서울에 대해 아는 대로 말씀해 보세요.

◎ 에어서울의 로고 의미, 에어서울의 항공기 기종은?

◎ 에어서울이 취항했으면 하는 곳은?

◎ 에어서울에 대해 아는 대로 말씀해 보세요.

◎ 에어서울이 갖추어야 할 경쟁력은?

〈KEYWORD〉

① 항공사 관련 모든 지식을 총동원. 항공사 광고 및 홈페이지에 자주 접속

② 에어서울만의 특징 파악

◎ 아시아나를 제외하고 타 항공사에서 에어서울이 본받을 점이 있다면?

〈KEYWORD〉

① 자신이 판단하기에는 아직 부족한 예비승무원 단계임을 표현

② 입사 후 개선할 점이 있다면 언제든지 제안하는 승무원이 되겠다.

2. 승무원 자질 및 적합성

◎ 다른 지원자들보다 본인이 뛰어난 점은?

〈KEYWORD〉: 자신이 현재까지 노력해온 점을 부각

◎ 왜 에어서울에 지원하였는지? (항공사 지원 동기)

◎ 자신을 위해 투자한 일이라면?

◎ 살면서 했던 가장 나쁜 행동은?

◎ 자신이 했던 일 중 남에게 도움을 준 일이 있다면?

〈KEYWORD〉

가장 나쁜 행동은 유연하게 대처할 수 있을 정도의 사건을 언급하고, 타당한 이유와 그 후 해결책을 언급하여 면접관이 수긍할 수 있도록!

◎ 자신이 왜 승무원에 적합한지?, 승무원이 되기 위해 어떤 것을 준비했는지?

◎ 10년 후의 나의 모습은?

◎ 에어서울의 승무원이 된다면 언제까지 일하고 싶은가?

〈KEYWORD〉: 장기적 근무. 항공사에 대한 열정

3. 표현력 & 어휘력

◎ 쿡방이 유행인데 잘하는 요리는 무엇인지?

〈면접관 의도〉: 표현력, 어휘력

〈KEYWORD〉

예 부모님이나 가족들에게 대접해드렸던 요리를 예시함으로써 가정의 화목도 표현

◎ 본인이 받고 싶은 질문 하고 답하기

〈면접관 의도〉: 자신감 표현

◎ 지금 상황을 사자성어로 표현한다면?

〈면접관 의도〉: 표현력, 어휘력, 자신감 표현

예 유지경성(이루고자 하는 뜻이 있는 사람은 반드시 성공한다는 뜻)

◎ 첫 월급을 받으면 어디에 쓸 것인지?

◎ 사람들과 친해지는 노하우, 종교가 있는지?

〈면접관 의도〉: 친화력, 표현력

4. 개인 및 기타

◎ 하고 싶은 말 해보세요.

〈면접관 의도〉: 입사 후 포부

〈KEYWORD〉: 너무 현실성 없는 답변은 NO

◎ 자신의 매력 Point는?

◎ 자신을 색깔에 비유한다면?

◎ 자신을 한 단어로 표현한다면?

◎ 자신과 닮은 연예인은?

〈면접관 의도〉

① 인적 관계, 조직 적응력, 대인 관계 등의 내적인 질문 의도

② 외모적인 면의 질문이 아니다.

〈KEYWORD〉 : 승무원에게 필요한 조건에 있어서 자신과 적합한 부분을 어필

◎ 자신의 장단점, 본인이 생각하는 자신의 2% 부족한 점, 자신의 나쁜 버릇은?

〈KEYWORD〉

단점은 장점으로 승화시킬 수 있는 것+개선하기 위해 현실적으로 노력한 점

◎ 자기소개 / 지원동기 / PR, 이력서 토대 개별 질문 (전공 / 취미 / 경력)

◎ 좋아하는 취미나 잘하는 어학이 있다면?

〈KEYWORD〉

어떻게 노력했는지, 또한 승무원이 되어 어떻게 활용하고 회사에 기여할 것인지 등

5) 티웨이항공(T'way Airlines)   IATA(TW), ICAO(TWB)

부호	항공사 호출부호(TWAY AIR)
설립일	2010년 8월
허브공항	인천국제공항(국제선), 김포국제공항(국내선)
포커스 시티	대구국제공항
보유항공기수	27대
취항지수	31개 도시
슬로건	Happy T'way, It's yours
	행복을 나르는 티웨이항공

〈경영 이념〉 : 함께하는 우리들의 항공사

〈실행 목표〉 : ① 첫째도 안전, 둘째도 안전

② 가족같이 편안한 서비스

③ 화합하고 배려하는 기업문화

티웨이항공 면접질문

1. 항공사 관련(관심도)

◎ 티웨이항공의 취항지 중 어디로 먼저 가장 가고 싶은가?

◎ 티웨이항공의 기업문화를 어디에서 느껴 보았는가?

◎ 티웨이항공의 Uniform에 대한 본인의 생각은?

◎ 티웨이항공의 Image는?

◎ 티웨이항공의 부족한 점이나 개선해야 할 점은 무엇이라고 생각합니까?

◎ 티웨이항공의 특별 서비스는?

　　U'STORY 서비스(개인적 기념일)

　　엔터테인먼트 서비스(X-MAS와 같은 특정일)

2. 승무원 자질 및 적합성

◎ 체력관리는 어떻게 합니까?

◎ 옆에 앉은 사람에 대해 칭찬해보라.

◎ 전공을 택한 이유와 졸업한 학교에 대하여 외국어로 대답하시오.

◎ 왜 승무원이 되고자 하는가?

◎ 승무원의 기본 자질은 무엇이라고 생각하는가?

◎ 항공사 첫 지원인데, 만약에 떨어진다면 그 이유는 무엇이라 생각합니까?

◎ 입사 후 포부는?

◎ 남승무원과 여승무원의 차이는?

◎ Team에서 가장 중요한 요소는 무엇이라 생각합니까?

◎ 기내에서 성추행이 발생한다면 어떻게 조치하시겠습니까?

◎ 티웨이항공에서 지원자를 뽑아야 하는 이유는?

◎ 다른 항공사도 많은데 티웨이항공을 지원한 이유는?

◎ 방송문을 읽을 때 가장 중요한 것은 무엇인지?

◎ 부모님과 같이 가고 싶은 취항지는?

3. 표현력 & 어휘력

◎ 회사가 이유 없이 성형을 강요한다면?

◎ 꼰대 문화에 대해 어떻게 생각하는가?

◎ 마지막으로 하고 싶은 말이 있다면?

4. 개인 및 기타

◎ 자신만의 스트레스 해소법은 무엇인지?

◎ 주량은 얼마나?

◎ 자기소개와 가족소개를 해보세요.

  〈KEYWORD〉: 화목한 가족 분위기를 통한 지원자의 성격. 표현력

◎ 지금 가장 생각나는 사람은?

◎ 본인의 별명과 그 이유는?

◎ 본인의 전공 소개

◎ 면접이 끝난 후 무엇을 할 것인가?

◎ 자주 보는 Program은?

◎ 남자 친구가 다른 이성과 항공기에 탑승한다면?

◎ 고객만족 Service에 대한 본인의 생각은?

◎ 첫 월급을 받으면 무엇을 할 것인지?

◎ 주말에 무엇을 할 것인가?

◎ 본인이 가장 많이 검색하는 Keyword는?

m / e / m / o

6) 이스타항공(Eastar Jet) IATA(ZE), ICAO(ESR)

부호   항공사 호출부호 (EASTAR)

설립일   2007년 10월 26일

허브공항   인천국제공항(국제선), 김포국제공항(국내선)

포커스 시티   청주국제공항

보유항공기수   22대

취항지수   35개 도시

슬로건   'My Star, Easter Jet'

기분 좋은 만남 국민항공사

현재는 티웨이항공과의 CODE SHARE로 주 7회 취항 중

〈경영 이념〉

VISION : 항공여행의 대중화를 선도하고 사회공익에 기여하는 Global 국민
        항공사

Value : ① 비행 안전, ② 고객 감동, ③ 저비용

Mission : ① 행복 주고 사랑받는 국민항공사

② 짜릿한 가격으로 추억을 선사하는 서비스

③ 안전을 기반으로 하는 기업문화

Philosophy : ① 고객과 같이 한다.

② 최고를 추구한다.

③ 새로움을 추구한다.

m / e / m / o

◎ LCC항공사와 메이저항공사의 서비스 외의 차이점은? (KE, OZ)

◎ 저비용 항공사에 대하여 어떻게 생각하나요? (LCC)

〈KEYWORD〉

1. 저가항공사라는 표현보다, 저비용 항공사 또는 후발업체이지만 성장가
   능성이 무궁한 ○○항공으로 표현
2. 저비용 항공사만의 특징과 장점 언급. 그 성장에 기여하는 밀알이 되겠다.

◎ 대형 항공사 말고 ○○항공에 지원한 이유는 무엇인가요? (LCC)

〈면접관 의도〉 : 자회사에 대해 얼마만큼 알고 있는지.

〈KEYWORD〉

1. 항공사를 칭찬하라.

2. 항공사 관련 모든 지식을 총동원하라.

   – 항공사 광고 및 홈페이지에 자주 접속하여 많은 정보를 이용하라.

3. 입사 후 자기 계발에 더 노력할 것을 표현하라.

◎ ○○항공에 대하여 아는 대로 말해보세요.

유사 질문

○○항공의 유니폼에 대하여 어떻게 생각하나요?

○○항공에서 현재 취항중인 도시에 대해 설명해 보세요.

○○항공의 이미지는 어떤가요?

◎ 현존하는 LCC 항공사 중 가장 경쟁력 있는 항공사는 어디라고 생각하는지?

(7) 기타

1) 학교 관련

◎ 자신의 학교를 소개하시오. (OZ 2014)

학교의 위치, 자신의 학과, 학교의 자랑거리 등에 대해 말한다.

◎ 학교생활 중 가장 기억에 남는 것은?

〈KEYWORD〉: 준비된 승무원 강조

항공서비스학과에 입학하여 승무원이 되기까지의 과정을 설명하고 동기부여가 되었다는 것을 강조

유사 질문

◎ 대학생활에서 가장 중점을 둔 부분은 무엇인가요? (KE)

〈KEYWORD〉: ① 성실한 태도 유지, ② 준비된 승무원

◎ 본인의 출신학교 홍보

〈면접관 의도〉: 표현력, 어휘력, 애교심

〈KEYWORD〉

1. 애사심으로 전환하는 센스
2. 학교 Homepage를 이용하여 칭찬하라.
3. 지역과 학교의 장점을 말하고 면학 분위기가 좋다는 것을 강조

◎ 학점이 높지 않은데 평상시 학점 관리는 어떻게 했는가?

〈KEYWORD〉

학업에 충실하지 못한 점을 인정하되, 다른 방면에서의 다양한 문화 경험을
통해 세상을 바라보는 견해를 넓힘을 설명

2) 성장과정과 유대관계 관찰

◎ 본인의 고향이 어디인지, 고향에 대해 소개해보세요. (BX)

〈면접관 의도〉

지원자의 표현력, 어휘력, 미소, 억양 등 외향적인 부분을 Check

3) 원만한 인간관계 형성

◎ 주량이 얼마나 되는가?

〈면접관 의도〉 : 대인관계, 조직의 융화

〈KEYWORD〉
1. 술자리에서의 인간관계의 유연함을 유지
2. 긍정적인 마인드

◎ 사회봉사 경험이 있습니까? (7C)

◎ 개인의 감정을 자제할 수 있는가?

◎ 스트레스를 어떻게 푸는지?

〈면접관 의도〉 : 스트레스로 인한 조직의 융화 여부. 역지사지

〈KEYWORD〉

1. 내가 옳다고 생각하는 자기중심에서 탈피 (법륜스님)

2. 배려하는 긍정적인 마인드

3. 문제 상황을 적극적으로 해결해나가려는 태도와 의지

4. 본인은 Stress를 받지 않는다는 답변은 NO

4) 가치관

◎ 남자를 볼 때 가장 많이 보는 두 가지가 무엇인가?

〈면접관 의도〉: 성품, 어휘력, 표현력

〈KEYWORD〉
1. 외적인 면보다는 내적인 미를 가진 사람
2. 나의 직업을 존중해주고 사랑해 주는 사람

◎ 자신에게 가장 소중한 것이 무엇인지? (사람, 사물 상관없음)

〈KEYWORD〉: 다른 사람의 마음을 간직할 수 있는 것.

예 남을 생각하는 마음을 보여줄 수 있는 것. (편지 등)

5) 취미 / 특기

◎ 평소 건강관리는? (LJ)

〈KEYWORD〉

자신의 평소 체력관리 방법과 이를 통해 강인한 체력으로 그동안 여러 업무
를 어떻게 잘 수행해 왔는지 설명

◎ 취미는? (LJ) (공통, 영어질문)

〈KEYWORD〉

1. 자기 계발에 도움이 될 만한 것.
2. 승무원으로서 승객들에게 좋은 영향을 줄 수 있는 것을 어떻게 해왔고
   어떻게 더 개발할 것인지. 어휘력 표현력 중요

항공사 객실승무원 면접 A to Z

P
A
R
T

2

기내 상황별 ROLE PLAY

INTERVIEW A to Z

항공기 내에서 발생되는 각종 상황에 대해 현장경험을 바탕으로 대처요령의 Role Play 답변(한국어. 영어)을 정리하였습니다.

항공기 내에서 승무원들은 출발 전부터 승객과의 여러 상황에 마주치게 됩니다. 도움이 필요한 승객, 불평을 하시는 승객, 탑승 전부터 불만을 가지고 계신 승객 등의 많은 상황이 발생합니다.
이런 문제점을 해결하기 위해서 승무원은 어떻게 대처를 해야 할까요?

면접 시 상황 질문에 여러분들은 어떻게 답변하시겠습니까?

물론 승객이 도움이 필요한 이유는 상황에 따라 많이 발생하겠지요?

모든 항공 여정의 시작인 예약에서부터 모든 과정을 거치는 동안에 항공사의 잘못으로 불편을 느끼는 Case도 종종 발생하고는 합니다.

항공사의 이미지는 승객과 최종의 대면 서비스를 책임지는 승무원에게 달려 있습니다.

서비스 과정에서 종종 발생되는 승객에 대해 불편함을 느낀다면...
승객이 보는 관점에서 마치 나만이 손해보고 있다고 생각하는 경우도 있습니다.

그래서 상황에 따른 그 발생 원인, 해결 방안, 응대 요령 Manual이 필요하다는 생각이 듭니다.

물론 Case By Case인 경우이지만........
승무원의 꿈을 가지고 마음에서 우러나는 최고 서비스의 천사가 되는 길에 이정표가 되는 자료로 항공사 면접에 활용토록 정리한 "기내 상황별 Role Play"가 많은 도움이 되기를 바랍니다.

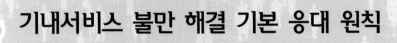

기내서비스 불만 해결 기본 응대 원칙

승객이 불편한 상황에 대한 불만 제기 시

1. 우선 사과의 원칙

승객과의 책임의 소재를 가지고 언쟁하지 말라.

또한 책임이 누군가에게 있다고 전가하지 말라.

승객에게 불편함을 제공하였다는 그 자체에 대해 객실승무원의 우선 사과는 필수적이다.

2. 원인 파악의 원칙

승객의 불만이 무엇인가를 우선적으로 파악하라.

객실승무원이 승객의 불만을 파악하지 못하고 맹목적으로 사과를 하면, 승객은 자신의 불만이 무시당했다고 느끼므로 더욱 불쾌해진다.

3. 신속 해결의 원칙

승객 불만에 대해 최선을 다해 신속히 해결하려는 모습으로 열과 성을 다하여야 한다.

4. 지속 관심의 원칙

해결되었다고 끝이 아니다.
도착지까지 지속적으로 승객에게 관심을 가지고 있다는 인식을 심어주어라.

m/e/m/o

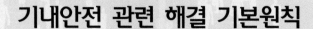

기내안전 관련 해결 기본원칙

승객의 행동이 비행안전에 저해될 때

1. 설득 및 요청

승객의 행동이 비행안전에 저해되고 있음을 파악하여 설득하고 요청하여 재발되지 않도록 한다.

2. 경고

승객의 행동이 항공법에 의거, 비행안전에 저해되어 안전상의 이유로 형사 책임이 있음을 경고한다.

3. 강력 대응 및 조치

제2단계 경고에도 불구하고 이를 무시하며 지속적인 행동 및 위반 시에는 강력 대응으로 조치하고 도착지 공항의 관계 기관에 인계하도록 한다.

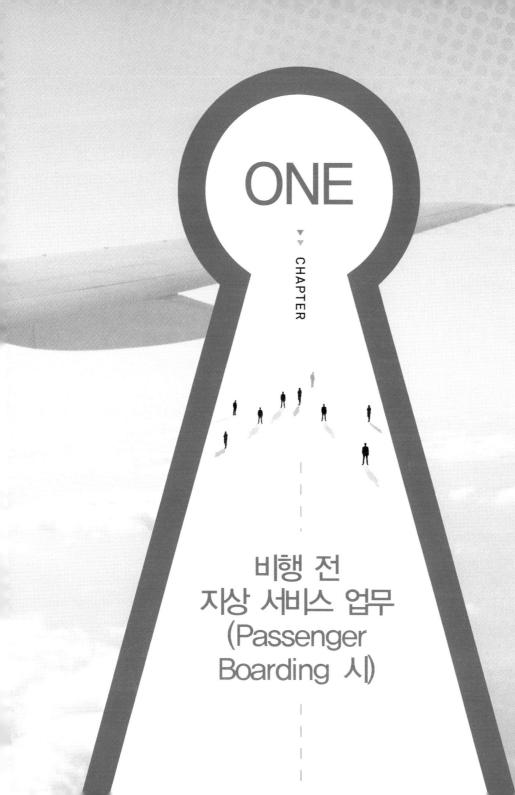

ONE

▼
▼
CHAPTER

비행 전
지상 서비스 업무
(Passenger
Boarding 시)

- 객실사무장은 승객 탑승 3~5분 전 PA를 통해 Boarding Stand-by를 통보한다.

- 승객 탑승 시에는 승무원 전원은 Aisle에서 이동하며 승객을 맞이하고, 특히 도움이 필요한 노약자, 유아 동반 승객, Family 승객에게는 적극적이고 신속한 좌석 안내를 실시하여야 한다.

- 승무원은 승객 탑승 직전에는 용모 및 복장을 RE-CHK하여 Boarding Stand-by한다.

탑승할 때 승객 좌석의 중복(Seat Duplication)

◑ 상황

> 항공기에 탑승하였는데 누군가가 승객의 좌석에 이미 앉아 있어 근처에 있는 승무원
> 에게 도움을 요청하는 경우

이를 보편적으로 Double Seat라고도 하는데 올바른 표현은 Seat Duplication이
라 한다.

◯ 해결방안

• 기내서비스 응대 원칙에 의해 좌석이 중복되어 불편한 상황이 생긴데 대해 우선 사과부터 하는 것이 최우선이다.

• 신속히 문제 해결을 위해 승객 2명의 탑승권을 확인하여 좌석번호를 확인하고, 그 상황을 설명하고 좌석의 재배정을 위해 양해를 구한다.
성의 없이 다른 빈 좌석에 앉게 하는 것을 피하여야 한다.
다른 빈 좌석이 있다고 잠시 앉아 있을 경우 또 다른 승객과의 중복 발생 소지가 있으며, 만약 똑같은 상황 발생 시에는 불만을 가중시키게 된다.
(가장 가까운 승무원 좌석으로 안내하는 것이 바람직하다.)

• Passenger Manifest(P/M)에 기재되어 있는 승객 개개인의 성명과 좌석번호를 이용하여 좌석 번호를 확인하고 즉시 좌석을 재배정토록 한다. 그리고 반드시 승객을 좌석까지 안내해 드리도록 한다.

• 좌석이 중복되는 것은 양쪽 승객 모두에게 불편을 초래하였기에 먼저 좌석에 앉아 있는 승객에게도 불편한 상황이 발생한 것에 대해 반드시 사과를 하고 이해를 구하도록 한다.

• 목적지까지 지속적인 관심을 가지고 Service하도록 한다.

◑ 응대

한국어

• 죄송합니다만, 저희가 좌석 배정에 착오가 생긴 것 같습니다.
  제가 알아보고 오는 동안 기다려 주시겠습니까?

• 기다려 주셔서 감사합니다.
  좌석까지 안내해 드리겠습니다. 불편을 끼쳐드려 죄송합니다.
  비행하시는 동안 필요한 것이 있으면 언제든지 승무원을 불러주십시오.
  즐거운 여행이 되십시오.

영어

• We are sorry sir/ma'am.
  I think there was a mistake in the seat assignment.
  Would you mind waiting here while I check and see?

• Thank you for waiting sir/ma'am.
  Please let me guide you to your seat.
  We are sorry for causing an inconvenience.
  If you there is we can do, please let us know during the flight.

(I)   (ME)

Have a nice flight.

** 밑줄 친 영문 내용은 서비스 기본이므로 암기해 두는 것이 좋다.

m/e/m/o

좌석이 일행과 떨어졌을 때(Seat Separate)

◐ 상황 1

가족 또는 친구들과의 여행을 위해 항공기에 탑승하여 좌석를 확인하여 보니 일행
모두가 따로따로 배정이 되어 있다고 요청할 경우

◐ 상황 2

- 좌석이 만석인 상황에서 승객이 본인의 자리가 마음에 들지 않는다며 옮겨달라
  고 요청한다면?
- 창가 또는 복도의 좌석으로 옮기길 원하는 승객에게는...

◐ 해결방안

• Seat Dupe와 같은 절차이나, P/M이 아닌 SHR을 이용하여 활용한다.

- 만석이 아닐 경우
• 출국서류 중에는 모든 비행 관련 정보가 기재되어 있는 S. H. R.(Special
  Handling Request) Sheet를 이용하여 Vacant Seat를 확인한 후 좌석을 재배
  정하도록 한다.

– 만석인 경우

• 주위 승객에게 상황을 설명하고 도움을 요청하여 재배치하도록 한다.

• 승무원은 승객의 도움 요청에 해결하려는 의지를 반드시 보여야 한다.

항공기의 출입항 서류

1. G/D : General Declaration
   • 항공기의 출항 허가 및 도착지 입항 허가를 받기 위해 <u>운항사항</u>, <u>승무원 명단</u>, <u>비행 중 특이사항</u>을 기재하여 제출하는 서류

2. P/M : Passenger Manifest
   • 해당 편에 탑승하는 모든 <u>승객의 명단</u>(영문), <u>좌석번호</u>, <u>국적</u>, Class별 <u>승객 탑승 현황</u> 등이 기재되어 있다.

3. C/M : Cargo Manifest
   • 해당 편에 탑재되는 Cargo List
   • (현재는 Cabin 탑재되지 않고 Cargo Compartment 탑재)

   – S. H. R. (Special Handling Request)
   • 해당 편에 필요한 모든 비행관련 정보가 수록되어 있는 List
   • 고객서비스 활용에 중요한 자료이며 정보이다.

   • 내용
     – 승객의 인적사항(VIP, CIP, 환자, 비동반 소아(UM), 특별식 주문, 연결 편 승객의 명단 등이 수록되어 있다.)
     – Seat(Vacant, Block, Class별 탑승 가능 인원. 비상구 좌석 위치 등)

커다란 수하물을 가지고 탑승하는 승객

(1) 유모차를 보관할 공간이 없을 때
(No Stowage Space for Strollers)

> • 생후 7일부터 만 2세 미만의 승객인 유아의 탑승 시 동반자가 커다란 Stroller의 항공기 내
> 지입을 요구할 때……

❍ 해결방안

- 승객에게 정중히 설명하며 항공기에 Stroller(또는 커다란 수하물)를 가지고 탑승하는 것은 비상 시 안전의 저해요인으로 기내 반입이 불가하다는 설명을 하여 이해시키도록 한다.

- 동반자에게 도착지 공항 Gate에서 Stroller를 즉시 사용 가능하도록 설명하고, 좌석까지 또 다른 수하물 이동에 적극적으로 협조하며 안내한다.
  (승무원은 부모 동의 없이 아기를 Care하지 않도록 한다. 만일의 불상사 발생 시 책임이 뒤따른다.)

- Seatbelt Sign-Off 후 Baby Bassinet를 장착해 주고 기내에는 항공사에서 제공하는 유아용품에 대해 설명한다.

- 비행 중 항상 관심을 가지도록 한다.

하기 시에도 유아 동반 보호자 승객을 도와주는 것을 잊지 않도록……
(다른 수하물을 들어준다든가…)

• 유아 Stroller에 'Delivery to gate' Tag을 붙이고 승객에 Claim Tag을 전달한
다.

❷ 응대

한국어

• 죄송하지만 이 Stroller는 기내에 보관하기에는 너무 큰 것 같습니다.
제가 Stroller 처리 수속을 도와드리겠습니다.
도착 후 항공기 입구에서 Stroller를 즉시 사용할 수 있도록 조치하겠습니다.
제가 짐을 도와드리겠습니다.

영어

• We are sorry but this stroller is a little too big to secure in the cabin.
Would you mind us checking in the stroller?
we will make sure that you can claim it at the gate of the arriving.
Please let me help you with your bags.

(2) 'Delivery to Gate' Tag

What is 'Delivery to Gate' Tag?

◀◀◀

- 목적 : 이 수하물을 도착지 공항 탑승구(Gate)에서 승객에게 신속히 사용할 수 있도록 조치하기 위한 것이다.
  This particular of baggage should be delivered to the passenger as soon as possible at the arrival gate.
- 절차 : 탑승구에서 Stroller를 인수하고, 도착지 공항 탑승구에서 인도한다.
- 기타 : 승객은 'Delivery to gate' Tag을 소지하고 있어야 한다.

❍ 수하물 처리

- 깨지기 쉬운 물건
  안전을 위해 깨지기 쉬운 물건이나 술병은 승객의 좌석 밑에 보관하도록 한다.
  파손 시에는 책임 관계가 문제되기 때문이다.

- 부피가 크거나 무거운 짐

- 승무원이 승객의 Baggage 보관 시에는 반드시 승객에게 보관 위치를 확인시켜야 한다.

◑ 응대

한국어

• 죄송합니다.

이 수하물은 선반에 넣으시기에는 너무 짐이 크고 무겁습니다.

다른 곳에 보관할 수 있는 장소를 알아보고 오겠습니다.

잠시만 기다려 주십시오.

• 죄송합니다.

이 수하물은 기내 반입하기에는 부피가 너무 커서, 보관 장소가 없을 뿐만 아니라, 비상시에 통로 및 비상구를 막아 비상탈출에 저해 요인이 되므로 저희가 위탁수하물로 보내도록 하겠습니다. 감사합니다.

〈수하물의 종류〉

* 휴대수하물 : 항공기 반입이 가능한 수하물

  수하물의 가로 + 세로 + 높이의 합이 115cm 이내이어야 한다.
* 위탁수하물 : 공항 Checking-in 시 붙이는 수하물

(유모차)   (Delivery to Gate Tag)

승객이 물품 보관을 요구할 때
(Passenger request keep his/her items)

◑ 상황

일반석 승객이 Coat나 의류의 보관을 요구할 경우

◑ 해결방안

• 일반석 승객도, Coatroom이 있다면 코트를 걸어달라고 하면 최선을 다하는 모습을 보여라. 승무원은 승객에게 무엇이든지 항상 도와주려는 의지를 보여라.

• 승객의 좌석번호를 기재한 'Coat Hanger Tag'을 사용한다.

- 승객에게 잊지 말라고 당부한다.

- Coatroom에 여유가 없다면, Overhead bin에 넣기 전에 미리 승객의 양해를 구한다.

- 착륙 전에 맡아 두었던 Coat를 돌려주는 것을 잊지 말라.

❍ 상황 2

> - 개인 물건이나 깨지기 쉬운 물품을 승무원에게 보관을 요구하는 경우
> - 값비싼 모피 코트의 보관 요구
> - 냉장이 필요한 의약품의 보관

- 승객의 개인 물건은 원칙적으로 승객이 보관하는 것을 원칙으로 하나, 물건의 분실이나 파손에 대해 책임소재가 있으므로 승객 좌석 밑이나 선반에 보관하도록 안내한다.

- 승객 주변에 보관 장소가 없어 불가피하게 다른 장소에 보관을 해야만 하는 경우에는 귀중품(지갑, 고가품 등)은 반드시 본인이 보관하도록 공지한다. 그리고 보관 장소의 위치를 안내하고 좌석번호를 정확히 기재한 후 보관하며, 반환 시에는 본인임을 확인해야 한다.

- 의약품의 보관은 분실 또는 파손에 유의하여 누수되지 않도록 비닐봉투를 이용하여 얼음과 같이 승객이 직접 보관할 수 있도록 제공한다.

- 승객의 요청사항을 정확히 숙지하고 이행해야 한다.

- 승무원이 바쁜 상황일지라도 고객이 요청한 내용에 대해서는 적절한 응대를 통해 다시 한번 확인하는 기본 업무를 반드시 수행해야 한다.

- 항공기 도착 전 승객 보관 물품에 대하여 반환여부를 반드시 확인한다.

- 객실 사무장은 고객 보관 물품에 대한 반환을 Landing Signal 이후 재차 확인하는 절차 수행에 대해 재확인하도록 한다.

❍ 응대

한국어

- Yes. Sir. Coat를 걸어 드리겠습니다.
  귀중품은 승객이 보관해 주십시오.

- 객실(앞, 뒤, 중간) 쪽에 있는 Coatroom에 Coat를 보관해 드리겠습니다.

- 비행 중에 Coat가 필요하시면 언제든지 알려주십시오.
  그렇지 않으면 착륙 전에 돌려드리겠습니다.

- 죄송하지만, Coatroom에 여유가 없습니다.
  Overhead bin에 보관해도 괜찮겠습니까?

영어

- Yes. Sir. I'll keep the coat for you.

  Would mind remove valuables from your coat?

- I placed your coat in the coatroom in front of this cabin.

- Please feel free to let me know if you need your coat during the flight.

  If not, I'll return your coat just before landing.

- I'm sorry sir/ma'am.

  I'm afraid I can't seem to find a space for your coat.

  Would you mind if I put it in the overhead bin?

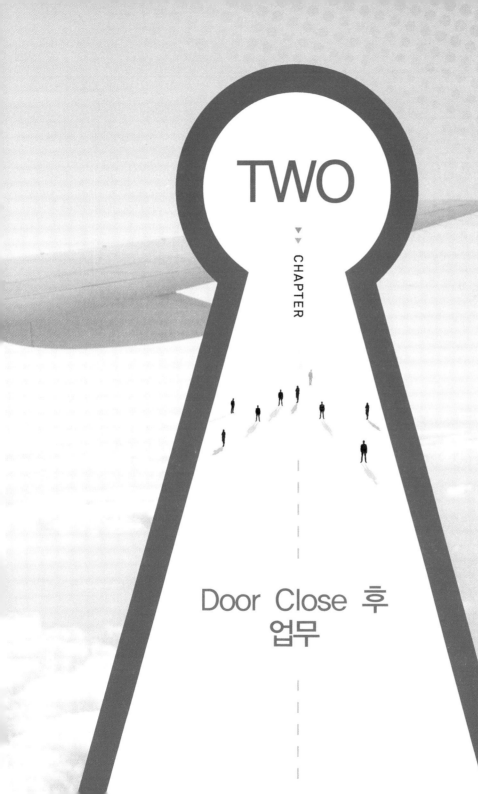

TWO

▼
▼
CHAPTER

Door Close 후
업무

Door Close 후 항공기 내에서의 휴대전화 사용
(Using the cellular phone after the door has closed)

⊙ 해결방안

• 승객에게 무례하지 않게 어떻게 해야 하는지 설득과 요청을 하라.

• 더 좋은 방법으로는 정중히 승객의 이해를 구하는 것이다.

• 주의!
 휴대전화를 사용하는 것은 근처에 있는 다른 승객들의 불만사항이라는 것을 알아두어라.

• ATTENTION : 신 기종에는 휴대폰 사용이 가능하게 설계되어 있다.

⊙ 응대

한국어

• 실례합니다. 휴대전화 사용은 비상상황을 초래할 수도 있습니다.
 죄송합니다만, 기내에서 휴대전화를 사용하는 것은 통신에 저해되므로 안전 운항에 지장을 초래합니다.
 비행 안전을 위해 전화기를 꺼주시겠습니까? 이해해 주셔서 감사합니다.

영어

- Excuse me sir/ma'am. It must be an emergency.

  You know using the cellular phone in the cabin could affect the safety operation of the flight.

  Would you mind turning off your phone to ensure the safety?

  Thank you for your understanding.

지속적으로 휴대폰 사용 시

- 계속해서 휴대폰의 사용은 항공법에 의거, 형사처벌 받을 수 있음을 경고한다.
- 경고를 무시하고 사용 시에는 강력히 승객의 휴대폰을 회수, 보관한다.

m / e / m / o

항공기 출발 지연(Air Craft Delay)

◐ 상황 1

> 항공기 출발시각이 지났으나 항공기의 Door가 열려 있을 때...

◐ 발생원인

- 승객 미탑승 : Some Passenger

- 출항 서류 미탑재 : Air Craft Documents

- 수하물 탑재 : Baggage to be Loaded

- 기내식 : In Flight Meals
  기내서비스용품 탑재 : Amenity Items

- 항공기 정비 : Maintenance

- 기상 관련 : Wether Condition

○ 해결방안

• 즉각 기내 안내방송을 실시하라.

• 불편을 초래한 데에 대한 정중한 사과를 하라.

• 지연 이유와 그 소요시간을 정확히 제공하라.

○ 응대

한국어

• 죄송합니다만 현재 저희 비행기는 (발생원인과 같은 사유)로 출발이 지연되어 앞으로 약 (   )분 후에 출발하겠습니다. 양해해 주시길 바랍니다.

영어

• We are sorry sir/ma'am. We are now waiting for(reason).
 We will departure in about -- minutes.(소요시간을 알고 있을 때)
 We will departure as soon as the necessary action has been taken.
 (소요시간을 정확히 알고 있지 못할 때)
 Thank you for your understanding.

상황 2

> 항공기 Door가 닫히고 출발 준비는 되었는데, 항공기는 전혀 움직일 기미가 없다면...

발생원인

- 관제탑의 출발 허가(활주로의 혼잡, 비행항로의 혼잡) : ATC(Air Traffic Control)

- 활주로 변경 : Change of runway

- 목적지의 정시 도착 : The scheduled flight time.

- 목적지의 기상 악화 : Weather condition

해결방안

- 불편을 초래한 데에 대한 정중한 사과를 한다.

- 'Showing'도 한편의 방법이다.
  근처에 앉아있는 승객들이 들을 수 있도록 상황을 설명하라.

- 항공기 출발시각은 Take-off(이륙)가 아닌 Push Back부터 근거한다.

- 승객의 시야 내에 서 있고, 끊임없이 현재 상황을 알리도록 하라.

- 출발 지연 방송은 5분 경과 후에 최초로 실시하고 매 10분 간격으로 실시한다.
  30분 이상 지연 시에는 반드시 사과를 하라.

○ 응대

한국어

죄송합니다.
저희 앞에 이륙하려는 항공기가 많이 대기하고 있기 때문에 이륙이 지연되고 있습니다.
저희 항공기는 일곱 번째로 이륙하게 되고, 15분 정도 걸릴 것입니다.
불편을 드려 죄송합니다.

영어

I'm sorry sir/ma'am. Our take-off has been delayed because
we have so many airplanes in front of us that are waiting to take-off.
Our order is 7th and it will take us about 15 minutes to take-off,
We're sorry for this inconvenience.

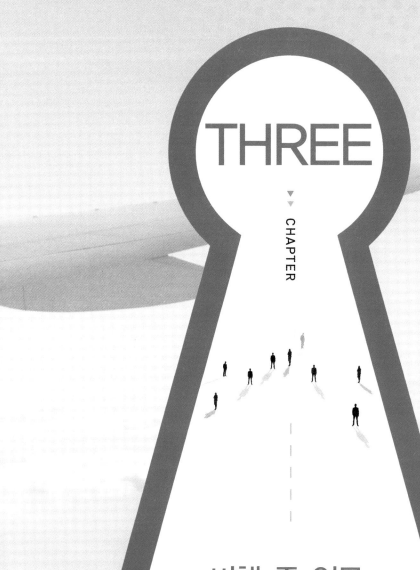

THREE

비행 중 업무

상위 Class의 서비스 용품 요구
(Requesting items from upper class)

⊙ 상황

- 상위 Class로 좌석 이동 요구
- 슬리퍼 요구
- 상위 CLASS의 Giveaway(선물) 또는 식음료 요구
- 기내가 너무 건조해서 Mist를 요구
- 모포나 베개의 추가 요구 시

⊙ 해결방안

• Item을 찾아보기도 전에 승객에게 'No'라고 말하지 말라.

• 승객에게 규칙과 규정만을 내세우며 가르치려 하지 말라.

• 승객의 자존심에 상처를 주지 말라.

• 장거리 비행에는 일반석에 기내 Amenity에 담겨져 있음을 설명한다.
  노선에 따라 탑재 구간이 상이하므로 친절하게 안내하도록 한다.

• 서비스 Item을 제공한 후, 거드름 피우지 말라.
  (예 이런 것은 E/Y에서 제공되지 않는 서비스인데……. 생색내듯…)

○ 응대

한국어

- 사장님, 사모님. 가서 알아보고 오겠습니다.

- 죄송합니다. Sir/ma'am. 찾고 계신 Mist 용품이 없습니다.
  기내가 너무 건조하십니까? 대신에 Hot Towel은 어떠십니까?

- 죄송합니다. Sir/ma'am. 여유분의 담요가 없습니다.
  대신 따뜻한 물 한잔 어떠십니까? 몸이 곧 따뜻해질 겁니다.

영어

- Yes, sir/ma'am. I'll go check.

- I'm sorry sir/ma'am. We don't have that item available.
  The cabin is too dry? Would you like a hot towel instead?

- I'm sorry sir/ma'am. We don't have any extra blankets.
  How about a nice, hot cup of tea? It should warm you up soon.

질문) 만약 무단으로 상위 Class 좌석을 점유 시에는?
= 승객의 좌석 이동 이유를 경청하여 보아라.
= 항공사는 기내에서의 UP GRADE를 규정상 엄격히 제한하고 있다.
= SHR을 이용하는 방법을 강구하라. (EY/CL의 EMPTY SEAT)

답/변/연/습

m/e/m/o

MEAL SERVICE

(1) Hot Towel Service

• 작고 가벼운 Towel일지라도 창측 승객으로부터 한분 한분씩 사용안내 말씀을 드리고 제공한다.

• 회수 시에는 먼저 승객의 의향을 물어본 후 손동작을 취하고 회수한다.

◑ 상황

> Towel Service 시 따뜻하지도 않고 차갑다고 하는 승객에게?

◑ 해결방안

• 만일 승객이 잠들어 있었다면, 그 이유로 Towel을 던져두고 가지 말라. 승객이 깨어났을 때 Hot Towel을 서비스하라.

• 국제선 비행 시에는 'Service Tag'을 이용하도록 한다. (Economy Class Dry Item Box에 Stationary 등과 같이 탑재된다.)

• 일회용 Towel(Disposal Towel)도 탑재된다. 승객이 깨어나면 서비스하라.

❷ 응대

한국어

편히 쉬셨습니까? 주무시는 것 같아 Towel을 서비스하지 못했습니다.

여기 Hot Towel이 있습니다.

사용하시겠습니까?

영어

"Did you have a nice rest?

I wasn't able to service the towel because you ware sound asleep.

Here's a hot towel.

Would you like to use it?"

참고사항 : 각 Class별 서비스 방법

일등석 서비스 : On-Demand Service

비즈니스 서비스 : Present Service

일반석 서비스 : Choice Service

(일반석 식사)

(2) 특별식(Special Meal)의 미탑재 또는 잘못된 Service

◐ 상황

- SHR에 미기재 및 Order List를 가지고 있지 않으나 승객이 특별식을 요구한다면...

◐ 해결방안

- 정중한 사과는 필수!

- 다른 것으로 대체하여 제공할 수 있는지 확인하여라.

- 승객은 주문서 양식을 알지 못한다.
  특별식에 대한 승객의 Order List 확인만을 고집하지 말라.
  그들에게 S.H.R.을 보여주지 말고, 기록된 것이 없다고 이야기하라.

- 만약 계속해서 여행해야만 하는 상황이라면, 연결 항공편에서 아무것도 먹을 수 없다는 것이 커다란 문제점일 수도 있기에 시간이 가능하면 중간 기착지에서 Order하여 제공할 수 있도록 한다.

- 서비스 전 Galley Briefing을 통해 SPML 등의 승객 관련 정보를 공유해야 한다.

- SPML 서비스는 정확한 규정 숙지 후 관련 지침에 의해 진행해야 한다.

- SPML 잘못 전달은 빈번히 발생하는 서비스 불량사례 중 하나이므로 반드시 Seat Number와 승객의 성명을 확인하여 제공한다.
- SPML Tag의 부착을 확인 또 확인하여야 한다.

> SPML : Special Meal(CHML, HNML, KSML, VGML, MOML)
> 소아식·종교식·건강식, 기타(축하 Cake) 등이 있다.
> 내국인 승객에게 승무원 상호간에 사용하는 전문용어나 약어의 사용으로
> 승객에게 무시당한다는 느낌을 주지 말아야 한다.

❷ 응대

한국어

- 죄송합니다. 실수가 있었던 것 같습니다.

  주문하신 음식은 오늘 탑재되지 않았습니다.

  손님이 좋아하시는 음식을 알려주시면 최선을 다해 준비해 드리겠습니다.

- 몹시 시장하시겠군요. 아무것도 드시지 못하게 해서 죄송합니다.

  저희가 과일과 빵을 준비해 드리겠습니다.

  좀 드시겠습니까? (아무 것도 먹지 못한 승객에게…)

- 방금 Cookies를 만든 것이 있습니다. 좀 드시겠습니까? 아주 맛있습니다.

영어

- I'm sorry.

  There was a mistake and the meal you've ordered is not loaded today.
  Would you mind telling me what you would like and I will try my best
  to prepare it.

- You must be famished. I'm really sorry that you couldn't eat anything.
  I prepared some fruits and rolls. Would you like to try them?
  (For passengers who didn't eat.)

- We just baked there cookies on board.
  Would you like some?
  They're delicious!

(Moslem과 Child를 위한 특별식)

(3) 승객이 원하는 식사가 없어 선택할 수 없을 때
   (Meal choice is not possible)

• Menu를 주문 받을 때 승객의 위치는 승객의 정면을 향하도록 하여 한분 한분씩 성의 있게 Menu를 소개하고 주문을 받는다.

• Meal Tray를 전달할 때는 승객의 등 뒤에서나 머리 위로 드려서는 안 된다.

◉ 상황

- 승객이 원하는 음식을 제공하지 못하는 경우
- 음식 2가지 중 하나가 떨어졌는데 그것을 요구할 때
  (한식인 비빔밥, Beef 등)
- 식사 중에 맛이 없다고 바꾸어 달라고 할 때

◉ 해결방안

• 승객의 요구에 최선을 다하고 있다는 것을 보여야 한다.
• 선택 가능한 Meal이 더 맛있다고 어떻게 표현하는 것이 좋을까?
• 원하는 Meal을 서비스 받지 못한 승객에게 세심한 배려는 필수
• Second Meal 서비스에서는 우선 서비스하는 Sense 및 승객에게 Notice
• 식사 중에 맛이 없다고 바꾸어 달라고 할 때는 즉각적으로 교체하여 서비스하라. (승무원 식사 등의 여유가 있다.)

● 응대

한국어

• 다른 Galley에 가서 알아보고 올 동안 기다려 주시겠습니까?

• 기다리시는 동안 Tray 위의 Salad를 좀 드시고 계시겠습니까?

• 죄송합니다. 선택하신 Meal이 공교롭게 모두 서비스되었습니다.
  다음 식사 서비스할 때는 꼭 먼저 드실 수 있도록 하겠습니다.

영어

• Would you mind waiting a little while I check in the forward galley?

• Would you like to eat the salad (on the galley) while waiting?

• I'm really sorry that your meal of choice is not available.

• I'll make sure that you get the first choice on our next Pmeal.

답 / 변 / 연 / 습

(4) MEAL SKIP

❍ 상황

> 승무원들의 실수로 식사를 제공 받지 못하고 SKIP된 경우에는…

❍ 해결방안

• 식사 제공 후 Walkaround를 통해 빠뜨리지 않았는가의 여부를 확인해야 한다.

• 어떠한 승객에게도 식사를 빠뜨리지 않는 가장 중요한 것은 Meal 서비스 후 모두 식사를 받았는지 반드시 Check할 것.

• 식사를 받지 않은 승객을 발견하면 재빨리 정중하게 사과하고 즉각 제공하도록 한다.

• Wine과 Coffee Service는 식사를 늦게 받은 승객에게 타 승객과 동일하게 즉시 보조를 맞추어 서비스한다.

• 실수를 만회하려고 허위로 변명을 하지 말라.
  (손님이 좌석에 없었다거나…, Meal Service 도중 잠들어 있었다거나…)

❷ 응대

한국어

- 식사를 빠뜨려서 정말 죄송합니다. 무엇을 드시겠습니까?
  바로 갖다 드리겠습니다.

- 기다려 주셔서 감사합니다.
  와인이나 음료를 드시겠습니까? 맛있게 드십시오.

영어

- Oops! I'm really sorry that I skipped you.
  What would you like? I'll bring it right away.

- Thank you for waiting sir/ma'am.
  Would you like some wine or a drink with your meal? Please enjoy your meal.

(5) 승객에 대한 정보를 승무원들끼리 상호 교환
(Sharing information is really important)

- _____ 승객이 식사를 하지 않겠으니 깨우지 말라….
- _____ 승객이 식사를 이륙 후 --- 시간 후에 제공 요청
- 기내 판매 시 꼭 깨워 달라.

(6) 음식에서 이물질이 발견되었을 때

(Finding a foreign substance in the meal)

◐ 상황

> 식사에서 이물질이 발견되었을 경우

본인의 잘못이 아니더라도, 이는 항공사 전체의 잘못이므로 변명이나, 타 부서의 실수로 책임전가하지 말고 즉각 사과하여야 한다.
변명은 오히려 승객을 더욱 화나게 할 수 있다.

◐ 해결방안

• 천 마디의 변명보다 한 마디의 정중한 사과가 낫다.

• 만약 두 종류의 음식이 있다면, 즉각 다른 한 가지를 제안하라.
  재치 있게 대처하여야 한다.

• 세심한 배려는 필수이며, 반드시 재발 방지 차원에서 회사에 보고서를 제출할
  것이라고 승객에게 알려주도록 하자.

○ 응대

한국어

- Sir/ma'am. 이런 일이 생기게 되어 죄송 합니다.
  새로운 식사를 갖다 드리겠습니다.
  잠시 기다려 주십시오.

- 기다려 주셔서 감사합니다. 맛있게 드십 시오.
  와인이나 음료를 같이 드시겠습니까?

(이물질 사례)

- 이런 일이 다시 생기지 않도록 담당부서에 Report하여 각별히 조치하겠습니다.
  다시 한번 죄송합니다.

영어

- Sir/ma'am, we're really sorry that this has happened.
  Let me bring you a new meal. Just a moment please.

- Thank you for waiting sir/ma'am. Please enjoy your meal.
  How would you like some wine or a drink with your meal?

- I will write a report to the ____ department to make sure this won't happen again. I'm sorry again.

(7) 차가운 Coffee & Tea의 Service

• Hot Beverage는 승객의 취식 속도를 감안하여 Dessert를 취식할 시점에 제공한다.

◑ 상황

> 차가운 Coffee & Tea
> 제공 받은 Coffee & Tea가 차가워 마시기가 곤란하다고 하는데…

◑ 발생원인

• 커피 서비스 시 사전에 온도를 확인해야 하는 기본원칙을 준수하지 않았다.
  (기본원칙 : 뜨거운 것은 뜨겁게, 차가운 것은 차갑게 서비스)

◑ 해결방안

• Hot Beverage Tray를 승객 Aisle 쪽으로 두고 Coffee & Tea를 서비스하며 "뜨겁습니다"라고 안내 말씀을 드리고 제공한다.

• Coffee는 적정시점에 Brew하여 신선하고 따뜻한 커피를 서비스해야 한다.

• 서비스 직전에 다시 한번 온도를 체크하여 반드시 최상의 온도로 서비스

- 승객이 주문하신 식음료를 모두 남기셨을 경우, 만족여부를 여쭤보고, 식음료에 대해 불만족스러워 하실 경우, 대체 서비스를 제공하려는 노력이 필요하다.

○ 응대

- Coffee를 드시지 않았는데 취향의 농도가 맞지 않거나 식었으면 다시 새로운 것으로 가져다 드리겠습니다.

m/e/m/o

(8) 성급한 Meal Tray 회수(Collecting meal tray)

❷ 상황

> 승객의 식사 종료 여부를 확인하지 않고 Tray를 회수해 가며, 심지어 다른 승객의 Tray를 건네달라고 명령하는 것 같은 태도로 불쾌하다면?

❷ 해결방안

- 각각의 승객에게 Comment하는 것은 필수 : 一事一言 서비스

- 마음은 바쁘더라도 행동은 천천히 한다.

- 승객에게 다른 사람의 Tray를 건네달라거나 치워달라고 요구하는 것은 서비스 원칙에 어긋나니 유의해야 한다.

- 승객이 원하는 것 외에 어느 것도 강요해서는 안된다.

❷ 응대

한국어

- 맛있게 드셨습니까? 치워도 되겠습니까?

- 식사를 거의 하지 않으셨군요. 어디 불편하십니까?

- 식사 다 하셨습니까? 다른 필요한 것 있으십니까?

• Coffee나 Tea 더 드시겠습니까?

영어

• Did you enjoy your meal? May I collect it?

• You hardly touched your meal. Are you not feeling well?

• Are you finished? Would you like something else?

• Would you like more coffee or tea?

m / e / m / o

식사 후 상황

(1) 식사 후 양치를 위해 칫솔 Service
(Requesting a toothbrush)

● 상황

> 식사 후 화장실 내의 칫솔 비치 또는 Refill

● 해결방안

• 승객의 요구 시에 정답은 무조건 즉시 가져와 제공하여야 한다는 것이다.

• 화장실에 칫솔이 남아있지 않을 수 있다. (항상 Check 및 Refill)

• 언제 화장실을 Check해야 하는가?

끊임없이 계속해서?

정답은 Meal Tray 회수 전에 화장실을 체크하는 것이 가장 바람직하다.

○ 응대

• 네, 여기 있습니다.

"Yes sir/ma'am. Here it is."

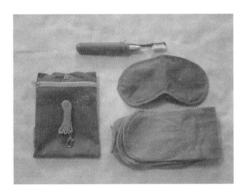

m / e / m / o

(2) 제공되지 않는 음료의 요청 Service
(Grape Juice, 식혜, 수정과, 아침햇살 등)

◑ 상황

- 제공되지 않는 음료의 요청하는 경우
- Guava Juice 또는 Diet Coke 등을 부탁하자 상기 품목이 없다고 하였으나 다른 승무원에게 부탁하였더니 제공하는 경우
- 정말 승객에게 거짓말해도 될까요?

◑ 해결방안

제공되지 못하는 것에 대하여 사과부터 한다.

해결하려는 의지와 성의를 보여라.

내 눈 앞에 있어야만 서비스하는 그런 생각을 가졌다면 승무원으로 자격이 없다.

반드시 다른 음료로 대안을 제시하여야 한다.

한국어

• 나의 Galley에 Service Item이 없다고 말하는 것은 승객에게는 변명의 이유가 되지 않는다.

• 다른 Galley 또는 상위 Class를 Check하는 것을 잊지 말라.

- 다음 서비스를 위해 Item을 아끼는 것은 Service Man으로서는 맞지 않는다. 승객이 필요할 때 사용하라.

영어

- Just because an item is not available in my galley doesn't mean that it's not available in other galleys.

  Don't forget to check upper classes.

- Keeping items to serve late doesn't make any sense!

  Use It when it's needed!

m / e / m / o

기내 판매(IN-FLT SALES)

(1) 예약 주문 물품이 탑재되지 않았을 때
(Pre-ordered Sales item is no loaded)

◑ 상황

항공편에 승객이 사전 주문한 면세품이 없다면...

◑ 해결방안

• 먼저 정중히 사과하라.

(주문을 받은 적이 없다고 하거나, 주문서를 Check하겠다는 등의 변명을 하지 마라.)

- 주문한 물품을 확인하고, 즉시 인도해준다.

- 주문한 물품이 없을 경우, 유사한 물품을 제공한다.
  해결하려는 의지를 보여라.

⊙ 응대

한국어

- 죄송합니다. Sir/ma'am. 저희들의 실수가 있었던 것 같습니다.
  예약 주문하신 물품은 오늘 탑재되지 않았습니다.
  오늘 항공편에는 일부 Item만 탑재되어 있습니다.
  죄송하지만 주문하신 _____는 구매하실 수 없습니다.

- 괜찮으시다면, 주문하신 물품과 비슷한 _____을 추천해 드리겠습니다만,
  괜찮으시겠습니까?

영어

- I'm sorry sir/ma'am. There was a mistake on our part and your pre-ordered items were not loaded today.
  However, I did prepare some of the items from what we have on today's flight, but I'm very sorry to inform you that _____ is not available.

- If It's okay. I would like to recommend _____ which is very similar to the item you've ordered, would that be all right with you?

(2) 면세품이 매진되었을 때(Duty free item is sold out)

⊙ 상황

> 승객 편의의 일환인 기내 판매 Service의 면세품이 모두 판매되어 일부 승객들이 구입할 수 없는 경우

⊙ 해결방안

- 사과 밖에는 선택이 없다.

- 물품이 없다는 이유로 승객 옆을 그냥 지나치지 마라.
  상황을 설명하고 비슷한 가치나 내용물의 물품을 제안하는 것도 방법이다.

⊙ 응대

한국어

- 죄송합니다. Sir/ma'am. 다시 한번 재고를 확인하겠습니다.

- 정말 죄송하지만 이 물품은 매진되었습니다.
  주문하신 것과 비슷한 _____이 있습니다.
  이것 역시 인기 품목입니다. 한 번 보시겠습니까?

- 만약 다른 사람이 반품하면 제일 먼저 당신에게 알려드리겠습니다.

영어

- I'm sorry sir/ma'am. Let me check the storage one more time.

- I'm really sorry but the item is sold out.
  We have _____ which is similar to the item you've ordered.
  This is also a popular item. Would like to try it?

- If someone returns this item, I'll bring it to you first.

m / e / m / o

(3) 단거리 비행에서 기내 면세품을 구입할 수 없는 승객
(PAXS who couldn't obtain items on short haul flights)

◑ 상황

> 짧은 비행시간으로 인해 많은 승객들이 기내 면세품을 사고 싶어도 구매를 충족시킬 수 없을 경우

◑ 해결방안

• 기내 면세품 판매는 앞과 뒤에서 똑같이 행해져야 한다.

• 항상 정중하게…
  만약 승객이 면세품을 구입할 수 없다면 사과는 필수적이다.

• '예약 주문서'를 홍보하라. 출발지에서의 인터넷 주문, 전화 주문 등

• 적절한 안내방송 후 다시 승객에게 사과하고 그들의 이해를 구한다.
  (승무원들은 착륙 준비를 위해 판매할 수 없음을 설명한다.)

◑ 응대

한국어

• 죄송합니다만 착륙 준비로 인해 기내 판매를 중단하겠습니다.
  이해해 주셔서 감사합니다.

- 다음 비행에서 면세품 예약 주문을 위해 Pre-order form, Internet, Fax 또는 전화를 이용할 수 있습니다.

영어

- I'm sorry sir/ma'am to prepare for landing.
  We have to stop the in-flight sales. Thank you for your understanding.

- On future flights, you could use pre-order forms, the Internet, fax or phone to reserve duty free items.

- I'm sorry again.

m / e / m / o

IN-FLT Service

(1) 영화 상영(Window Shade)

○ 상황

- 영화 상영 전에 Headphone 고장으로 재차 Headphone Service 요청
- 영화 중 창문 Open으로 타 승객으로부터 영화 상영이 불편할 때

○ 해결방안

- 가능하면 창 측의 승객으로부터 양해를 구하고 창문을 닫아줄 것을 부탁한다. 만약 거절하면 강요하지 말 것.

- 다른 승객들이 방해받지 않도록 Check하여야 한다.

- 영화 상영 전(영화상영 중) Extra Headphone을 한 번 더 서비스한다.

- 영화 관람을 하지 않는 승객을 위하여 다른 서비스를 제공한다.
  (기내 서적, Eye Mask, 기타 등등)

○ 응대

한국어

• 영화 상영 전(방송 실시)

오늘의 영화 제목은 _____를 상영할 예정입니다.

창문 덮개를 닫아주시겠습니까?

• 영화 상영 중

지루해 보이시는데, 읽을 것을 드릴까요?

빛 때문에 화면을 보기가 힘듭니다.

창문 덮개를 닫아주시겠습니까?

• 문제 승객

승객의 불편함을 Personal Touch를 통해 파악한다.

(Galley에서 승객과 대화를 나누어 보는 것은 어떨까?)

영어

• Before movies is played

Sir/ma'am, we will be paying _____ starring _____ shortly.

Would you mind closing the window shades?

• During the movies

Sir/ma'am, you look bored. would you like something to read?

Sir/ma'am, because of the light, the screen is hard to see.

Would you mind closing the window shade a little?

• For really frustrated passengers

Would you like to see clouds and oceans?

(How about conversing with passengers in the galley?)

(기내 영화상영)

(2) LAVATORY

1) 승객이 기다리고 있는 동안의 화장실 체크
(Checking lavatories while passengers await)

⊙ 상황

> 많은 사람들이 화장실 앞에서 기다리고 있는데…
> 승무원이 아무런 말도 없이 먼저 화장실로 들어가 버린다면…
> 승객의 반응은?

⊙ 해결방안

- 화장실 청결 및 용품 보충을 위해 먼저 승객에게 양해를 구한다.
  절대로 기다릴 수 없는 긴급한 승객일 수도 있다.

- 문을 열어놓고 화장실을 Check한다.

⊙ 응대

  한국어

- 오래 기다리셨습니다.
  급하지 않으시다면 제가 청소(화장실 용품 보충)를 먼저 해도 괜찮으시겠습
  니까?

• 기다려 주셔서 감사합니다.

• Did you wait long? If you are not in a hurry, would you mind if I clean the lavatory first?

• Thank you for waiting.

m / e / m / o

2) 화장실 내 비치품이 부족하여 승객이 요구할 때

◑ 상황

> 화장실에 양치를 하러 들어갔지만, 비치되어 있어야 할 종이컵과 종이타월 등의
> 화장실 비치품이 없다고 할 때

◑ 발생원인

• 화장실 상시 점검과 같은 기본 업무를 수행하지 않았다.

• 화장실 사용이 집중되는 시점임에도 불구하고, 화장실 청결 및 비품 상태가
  확인되지 않았고 화장실 용품을 보충하지 않았다.

◑ 해결방안

• 화장실 집중이용 시간대인 Meal Tray 회수 종료 직후와 2nd 식사 서비스 전
  각 30분간은 승객 휴식시간대보다 자주 화장실을 점검해야 한다.

• 화장실을 Check할 때는 바닥의 물기 제거, 비품 확인
  화장실 비품은 지속적으로 교체 및 보충해야 한다.
  화장실 청결 및 비품관리 상태는 항공사 서비스 기준의 중요 척도임을 인식
  해야 한다.

(화장실 내 각종 ITEM)

m / e / m / o

3) 화장실 내 악취

⊙ 상황

> 비행기 화장실에서 악취가 매우 진동하여 들어가기가 싫을 정도라며
> 승무원들에게 관리를 요구한다면...

⊙ 발생원인

• 지속적으로 화장실을 점검하지 않아 악취가 나는 화장실을 그대로 방치했다.

• 화장실 점검 시 변기, 거울, 바닥, 세면대 등 청결 상태를 꼼꼼히 점검하지
   않았다.

⊙ 해결방안

• 객실승무원은 비행 중 화장실의 청결 상태를 지속적으로 점검하여야 한다.

• 악취가 나는 경우 화장실의 변기, 바닥, 세면대 등 오물이 묻어 있는지 확인하
   고 화장실용 Spray 방향제를 이용하여 악취를 제거하도록 한다.

4) 일반석 승객이 급하다며 PR/CL 화장실을 쓰겠다고 한다면?

• 먼저 승객에게 상위 Class 승객이 우선임을 주지하고 양해를 구한다.

  절대로 기다릴 수 없는 승객일 경우, Empty인지 확인하고 사용하도록 하되

  생색을 내거나 자존심을 건드리지 말아야 한다.

  승무원은 사용 후 항상 청결을 유지하도록 한다.

(LAVATORY 내부)

m / e / m / o

(3) Galley Curtain

◯ 상황

항공기 Galley 근처에 배정된 승객으로부터 불평과 불만
- 지속적으로 승무원들이 Curtain을 열고 닫는 소리
- 물론 심지어 Curtain이 바람을 너무 일으켜서 다리를 스치며…
- 승무원의 작업하는 소리
- 승무원의 잡담
- 머리 위에 새어 나오는 불빛… 등의 승객 불만은?

◯ 발생원인

- Galley에서 Curtain을 열고 닫을 때 큰 바람을 일으키며 다녀서 승객의 다리에 스칠 정도였다.

- Galley에서 승무원들이 너무 큰 소리로 대화를 나누어 주변 승객에 대한 세심한 배려 없이 Curtain 사용 및 잡담으로 편안한 휴식을 방해했다.

◯ 해결방안

- 화장실과 Galley 근처에 앉은 승객에게 세심한 배려를 한다.

- 적절한 Curtain 사용과 습관이 필요하다.

- 당신의 생각보다 소리가 크게 새어나가는 것을 인식하지 못할 수 있다.

- Galley에서 Curtain을 열고 닫을 때는 절대로 바람을 일으켜서는 안 되며, 열고 닫을 때에는 Curtain의 윗부분을 잡고 살며시 열고 닫아야 한다.

- Galley에서 승무원 간 대화 시에는 Aisle에 있는 승객들에게 목소리가 새어나가지 않도록 아주 작은 목소리로 필요한 대화만 나눠야 한다.

- Galley, Lavatory, Door Side 주변의 쾌적한 조건이 아닌 승객에게는 수시로 관심 표명 및 Earplug, 안대 등을 제공하는 서비스를 하라.

❍ 응대

한국어

- 이 좌석은 다리를 뻗을 수 있어 많은 승객들이 선호하는 좌석입니다.
  매 비행마다 많은 승객들이 이 자리를 요청합니다.

- 이 좌석은 Galley 바로 옆에 있어 당신이 원하는 것을 바로 가져다 드릴 수 있습니다. 특별한 조건이 아닌가요?

영어

- These seats are very popular since you can stretch your legs.
  We have many passengers that request these seats every time they fly.

- These seats are right next to where we work.

  If you need something, we can bring it to you right away now isn't that a special treatment?

Proper Curtain Usage(적절한 커튼 사용)

- 승객 얼굴로 향하는 불빛을 방지하기 위해, 전면 커튼을 사용한다.
- 커튼의 윗부분을 잡고 개폐하여 소음을 최소화한다.
- 커튼이 끝까지 쳐져 있는지를 확인하고 가까이 앉은 승객에게 닿지 않도록 한다.
- 화장실 구역의 커튼도 잊지 말자.
- Galley에서 나올 때는 커튼을 끝까지 열어 놓고, 다시 들어갈 때는 커튼을 닫아 놓는다.

m/e/m/o

(4) 통로에서 승객과 마주쳤을 때

(When faced with a passenger in the aisle)

⊙ 상황

통로에서 승객과 마주쳤을 때, 무척이나 바쁜 척하며 먼저 길을 가는 것이 승객을 위하는 서비스일까요?

⊙ 해결방안

- 통로를 걸을 때, 승객에게 길을 양보한다.
- 항상 감사를 표현하고 양해를 구하라.
- 잊지 말아라, 승객이 최우선이다.
- 객실 내 앞, 뒤, 옆 모두 살펴보는 습관을 기른다.

⊙ 응대

한국어

- 먼저 지나가십시오.
- 잠시만 Cart를 이동하겠습니다.
- 승무원이 먼저 지나가면 반드시 감사의 인사를 하도록.

영어

- Sir/ma'am. Would you like to pass through first?

- Would you like to pass through?

  Let me remove the cart, just a minute please.

- Excuse me. Thank you. (If cabin attendant goes through first.)

m / e / m / o

(5) 호출 버튼에 대한 응답(Answering the call button)

◑ 상황

> 승객이 지속적으로 좌석에 있는 승무원 호출 버튼을 눌렀으나, 아무도 응대하지 않고 한참 후 승무원 한 분이 와서 급하게 버튼부터 Reset만 하니….
> 이런 상황이라면…

◑ 해결방안

- 승객의 호출에는 즉각적으로 응답하라.

- 호출 표시등에만 의존하지 말고, 수시로 객실을 체크하는 것을 잊지 말라.

- Galley 내에만 초점을 두고 일하지 말라.
  자신의 근무 구역이 아니라도 호출을 보았다면 먼저 응답하라.

- 호출 버튼에 대한 응답 지연으로 인해 승객이 화가 나 있다면, Eye-to-Eye 자세를 잊지 말고, 정중하게 사과하라.

- 먼저 호출 표시등 소등 후, 승객의 요청에 귀 기울여라.
  (응대 전 호출 표시등부터 끄는 것은 승객의 입장에서 불쾌감을 유발한다.)

(Master Call Display)

m / e / m / o

(6) Giveaway의 부족(Lack of Child Giveaway)

– Child Giveaway는 반드시 Showing하면서 어린이 승객으로부터 선택할 수 있는 기회를 주며 Service 품위를 위해 Cart 또는 Large Tray를 이용하여 Service 한다.

◑ 상황

> 추억을 위한 어린이용 기념품이 전혀 재고가 없어 부모의 입장에서 아이에 대한 미안함과 주고 싶은 마음으로 매우 언짢아하는데...

◑ 해결방안

• 어린이는 미래의 고객임을 잊지 마라.

• 일단은 대용품을 활용하도록 한다. (예: 우편엽서, 게임 카드)

• 비행 중 서비스가 불가능할 경우, 집으로 배송해 줄 수 있으니 참고하여 해결하도록 한다.
  도착 후 반드시 Cabin Report를 작성하여 제출한다.

• 특히 아이들에게 지속적인 관심을 표현하라.

○ 응대

한국어

- 죄송하지만 오늘 아이들을 위한 선물이 부족합니다.
  아이들이 그림을 그릴 수 있도록 종이를 드리는 것은 어떨까요?
  성함과 주소를 적어주시면 집으로 배송해 드리겠습니다.

- 죄송합니다. 오늘 선물을 드리기 힘들 것 같습니다.
  집으로 곧 보내드릴 것을 약속드립니다.
  과자와 음료를 준비해드릴까요?

영어

- I'm sorry but we are a little short of child giveaway items today.
  How about some papers for your child to draw pictures?
  If you would inform me of your name and address,
  I will make sure to mail and item to your house.

- I'm sorry _____. I'm afraid I wasn't able to give you a gift today.
  I promise to mail one to your house soon.
  How about some cookies and drink?

PART 2 기내 상황별 ROLE PLAY

(각종 어린이용 선물)

m / e / m / o

(7) 아기의 지속적 울음(Baby's continue crying in the cabin)

◐ 상황

아기는 어디가 아픈지, 배가 고픈지, 계속해서 칭얼대며 울고 있으며,
아기 엄마는 혼자 감당하지 못하고 어쩔 줄 몰라 하고 있다.
주변의 승객은 쉴 수도 잠을 청할 수도 없었고, 승무원의 도움이 필요...

◐ 해결방안

• 아기와 함께 비행하는 승객들을 위한 Special Care는 필수

• 부모의 동의 없이 아기를 함부로 만지지 않는다.

• 근처의 승객에게 당신이 아기를 달래고 있다는 것을 보여준다.

• 아기를 달래기 위해 기념품을 이용하도록 한다.

◐ 응대

한국어

• 무엇을 도와드릴까요? 필요하신 것이 있으시면 저희에게 알려주십시오.

• 아이를 안아주어도 괜찮으시겠습니까?

• 어른들도 장시간 비행은 힘들어 하는데도 아이는 매우 잘하고 있습니다.

• 도움이 필요하시면 알려주십시오. 도와드리겠습니다.

영어

• May I help you?

  If you need anything, please feel free to let us know.

• May I hold (or touch) the baby?

• It's hard for adults to travel the long distance and this baby is behaving very well.

• If you need assistance at any time, please let us know, we will be glad to help.

m / e / m / o

(8) 소란스러운 어린아이(Child is causing a scene in the cabin)

● 상황

객실 내에서 소리 지르며 뛰어다니는 아이들을 승무원은 어떻게 할까요?

● 해결방안

• 우선 아이들에게 책이나 기념품을 주어 주의를 다른 데로 돌린다.

• 아이의 부모에게 아이를 살펴보아 줄 것을 부탁한다.
  (이때 그들이 기분 나빠하지 않도록 유의하라.)

• 근처의 승객에게 당신이 그들을 억제시키기 위해 최선을 다하고 있다는 모습을 보여주어라.
  그리고 불편에 대한 사과를 하여야 한다.

● 응대

한국어

• _____, 지루할 텐데, 나와 함께 놀아보지 않겠니?

- 뛰어다니면, 다칠지도 몰라. 여기 맛있는 쿠키가 있다.

- 책 읽는 건 어때? 다양한 책이 있어.

영어

- _____, you must be bores. Do you want to come and play with me?

- If you run around, you might get hurt. We have delicious cookies here.

- How about a book. We have lots to read.

m/e/m/o

(9) 외모가 어려 보이는 승객(Passengers that look young)

◑ 상황

> 외모가 동안으로 생겨 나이보다 어려 보이는 승객 또는 나보다 어린 승객 응대 방법은?

◑ 해결방안

- 어리다고 무조건 반말을 사용해서는 안 되며 그들에게 존칭을 사용하며 정중하게 대하여야 한다.

- 반말은 승객의 입장에서는 매우 불쾌하게 받아들인다.

- 다른 승객들과 다르다는 느낌을 받지 않도록 하라.
  - 신문 또는 여성용 잡지를 제공하라.
  - 서비스하는 동안 JUICE류보다는 차/커피 등을 제공하는 것을 잊지 말라.
  - 그들의 호출에 응답할 때 질책해서는 안 된다.

(10) 환자 발생

◉ 상황

> ① 비행기 탑승이 처음인 승객이 멀미를 좀 심하게 해서 승무원에게 약을 부탁한 경우
> ② 기내에서 체한 손님이 발생했을 때
> ③ 감기 걸린 승객이 승무원이 소지하고 있는 감기약을 요구할 때

◉ 해결방안 ①

• 멀미약은 육체적인 효과뿐만 아니라, 정신적인 안정감을 줄 수 있다.

• 승무원은 항상 고객의 입장에서 애쓰고 있다는 것을 보여주며 따뜻한 음료를 제공하는 것이 우선이다.

• 빈 좌석이 있다면, 좀 더 편안한 여행을 위해 다른 좌석으로 자리를 옮기게 하는 것도 하나의 방법이다.

◉ 해결방안 ②, ③

• 본인이 알고 있다는 민간요법을 사용하게 하지 말라. (손을 따는 행위 등)

• 개인이 소지하고 있는 약을 제공하지 말라. (부작용)

• 심한 경우 반드시 방송을 통해 의사를 찾아라.

⊙ 응대

한국어

• 속이 안 좋으십니까?
  식은땀을 흘리시는데, 차가운 수건을 가져다 드릴까요?

• 이것을 머리에 써보세요. 좀 나아지실 겁니다.

• 머리를 기대보세요. 도움이 될 것입니다.

영어

• Your stomach must be upset.
  I can see the cold sweat……. Would you like a cold towel?

• Put this on your head. It should make you feel better.

• How about leaning your head this way. It should help.

답/변/연/습

(11) 담요의 부족(Lack of Blankets)

❯ **상황**

> 몸이 안 좋은 승객이 사무장에게 객실 안이 너무 추워 지나가는 승무원에게 추가 담요를 부탁하였으나 한마디로 여분의 담요가 없다고 하였다. 그러나 얼마 되지 않아 다른 승무원이 담요를 가져다주었다고 할 때...
> 이것은 무슨 상황!

❯ **해결방안**

• 우선 주변을 철저히 Check하라. (찾고 있는 모습을 보여라.)

• 담요를 사용하지 않고 있는 승객이 있다면, 가져가도 되는지를 물어본다.

• 객실 내 적정온도인가를 Check하라. (24°C±1)

• 따뜻한 음료를 제공하는 것은 어떨까요?

❯ **응대**

한국어

• 추워보이시는데, 객실 온도를 살펴보겠습니다.

- 죄송하지만 담요가 부족합니다. 따뜻한 차 한 잔 어떠십니까?
  환자임을 감안하여 상위 Class를 Check해 본다.

- Sir/ma'am, 조금 따뜻해지셨습니까?

영어

- You must be cold, let me check the cabin temperature.
- I'm sorry but we're lacking blankets. How about a nice, hot tea?
- Sir/ma'am, are you feeling a little warmer?

– 기내가 너무 덥다고 하면

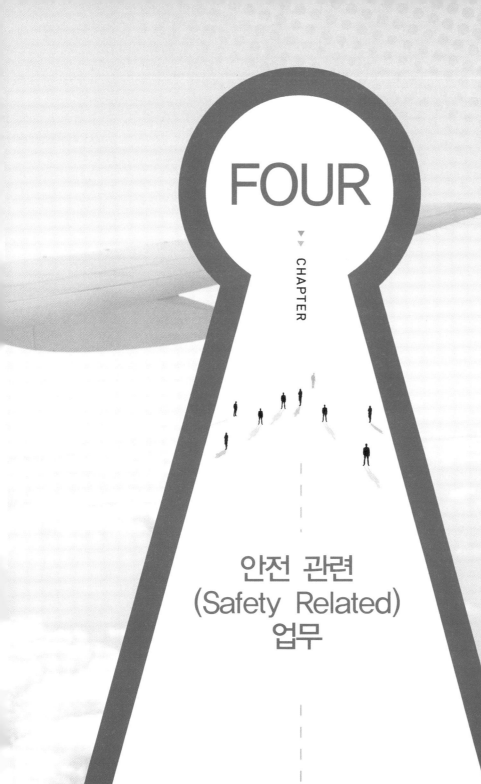

FOUR

안전 관련
(Safety Related)
업무

기내 난동 행위(Air Rage)

(1) 정의

객실승무원의 주 업무인 승객 안전에 관련하여 최근 급증세에 있는 기내 난동 행위는 항공기 안전운항을 위협하는 심각한 위험요소가 되는 행동으로 탑승객과 승무원에게 예기치 않은 중대한 안전 저해 요인이 되고 있다.

(2) 기내 난동 행위란?

항공기 내에서 타인의 신체 및 항공기를 심각하게 위협하는 공격 행위, 위협, 협박, 폭력 등으로 기내 질서를 위반하여 탑승객에게 불안을 조성하는 행위 일체를 말하며, 또한 기내업무 방해 행위도 포함된다.

(3) 기내 난동 종류

① 항공기 내에서 타인의 신체 및 항공기를 심각하게 위협하는 공격 행위, 위협, 협박, 폭력 등 일체 소란 행위(구타, 폭언, 고성방가, 물건 투척, 침 뱉는 것 등)
② 음주로 인한 소란 행위
③ 기내 규정 위반(흡연, 전자기기 사용, 수하물 정위치 보관 거부 등)
④ 승객 간, 승무원에 대한 성추행 및 성희롱 행위

⑤ 조종실 출입을 기도하는 행위

⑥ 항공기 점거 또는 기내에서 농성 행위

⑦ 비행안전 저해 행위

　(운항 중 Door 작동, 화장실 내 Smoke Detector 훼손, 기타)

* 승무원 설득에도 불구하고 지속적으로 소란 시에는 "경고조치"와 IN-Flight Disturbance Report를 작성 후 격리 조치 가능

m / e / m / o

비행 중 Jump Seat에 앉아있는 승객
(Passengers seated in Jump Seat during a flight)

◑ 상황

- 승객이 승무원 Jump Seat에 앉아 있어 "거기는 승무원 좌석이니 자리로 돌아가 주십시오."라고 하니 다리가 너무 아프다며 잠시 앉기를 요구하면 승무원은 어떻게 할 것인가?
- Evacuation System Container(Door Slide) 위에 걸터앉아 있는 승객을 보았다면?

◑ 응대

한국어

• 죄송합니다만,
  이곳은 만약의 비상사태를 대비하여 탈출을 위한 승무원의 좌석이므로 앉으실 수가 없습니다.
  손님 좌석으로 돌아가 주시겠습니까?

• 죄송합니다만,
  이곳은 만약의 비상사태를 대비하여 비상시에 사용할 미끄럼대가 장착되어 있어 앉으시면 고장 요인이 있으니 손님 좌석으로 돌아가 주시겠습니까?

(Jump Seat & Evacuation System Container)

m / e / m / o

Turbulence 중 이동하는 승객
(Passengers walking around during turbulence)

❍ 상황

난기류를 통과하고 있는 중 승객이 식사 후 화장실에 가고 싶다고 하며 요구할 때…

❍ 해결방안

• 좌석벨트 Sign이 들어오면 승무원은 모든 승객을 착석시키며, 좌석벨트 착용을 확인하여야 한다.

• 우선, 승객의 입장에서 그렇게 밖에 할 수 없었다는 것을 생각해 보아라.

• 기장과 연락하여 난기류의 지속여부와 승객의 상황을 설명하고 문의한다. (안전 관련 사항은 기장이 결정한다.)

• 규정을 고집하여 가르치려고 하면 서비스 측면에서는 승객의 자존심에 상처를 입히고, 승객을 불쾌하게 만들 수도 있다.

** 2회에 걸쳐 안전에 대해 Information을 제공하며 좌석으로 돌아갈 것을 설명하라.
안전이 우선이지만 생리 현상이기 때문이다.
만약의 경우 승객의 부상 발생 시 책임 문제가 결부되기 때문이다.
그래도 화장실 사용을 요구하면 조속히 사용하며 안전에 유의할 것을 당부한다.

Taxing 중에 승객의 이동

🔘 상황

인천공항 활주로에 비행기가 도착하여 Gate를 향해 Taxing 중 일어나 개인 수하물 정리하는 승객, 먼저 내리려고 일어나 앞으로 나오려는 승객, 이미 앞으로 나가는 승객...

과연 안전에 문제가 없을까요?

🔘 해결방안

- 즉각 제지할 수 있는 방송을 실시하여야 한다.

- 승무원은 안전사고 예방을 위해서 즉각적인 행동으로 제지하여야 한다.

- 객실승무원의 임무가 승객의 안전이라는 것을 명심하라.

🔘 응대

한국어

- 승객의 안전을 위해 비행기가 완전히 멈춘 후 좌석벨트 표시등이 꺼질 때까지 자리에 앉아 주십시오.

- 선반을 열 때는 떨어지지 않도록 주의해 주십시오.

영어

- For your safety. Please remain seated until the seatbelt sign is off.

- Please be careful when opening the overhead bins as the contents may have shifted while landing.

- We have not yet reached parking area.

  Please remain seated until we ask your deplaning.

m / e / m / o

Overhead Bin의 수하물이 떨어질 때

❍ 상황

> Overhead Bin에서 가방이 떨어지는 상황을 목격하고 즉시 달려갔으나 이미 가방은 떨어졌고 승객의 상태를 확인한 결과, 오른쪽 손등과 팔 부위가 부었으며 통증을 호소하고 있다면...

(Overhead Bin)

❍ 발생원인

- 승객 탑승 시, Zone 담당 승무원은 승객이 탑승하여 Baggage를 Overhead Bin에 보관하는 시점부터 탑승 완료 후까지 지속적으로 확인해야 하는 기본 업무 절차가 철저히 이루어지지 않았다.

- 승객이 과다하게 짐을 보관하는 과정에서 상해가 발생했다.

❂ 해결방안

- 무엇보다도 승객의 건강 상태를 우선적으로 Check하고 이에 따른 응급조치를 즉각 실시하도록 한다.
약간의 타박상이라면 얼음찜질 등의 조치를 하고 중증이라면 즉시 기내방송을 통해 의사 Paging을 하도록 한다.
승객의 지속적인 관찰이 필요하다.
승객 상태에 따라 후속 조치를 취하도록 한다. (도착 후 병원 이송 등)

- 승무원의 철저한 휴대수하물 보관 관련 업무수행은 승객에게 휴대수하물 보관의 중요성을 인식하고 승무원이 안전업무를 철저히 이행하였다는 증거다.

- 승객이 짐을 과다하게 보관하는 것을 발견할 경우 떨어질 위험성이 있는 Baggage를 Overhead Bin에 보관하지 않도록 안내하고 재배치해야 한다.

- 고객을 안전하게 목적지까지 모시는 것은 승무원의 가장 기본적인 업무임을 인식하고 Zone 담당 승무원은 책임감을 갖고 탑승 시 업무 절차를 수행해야 한다.

뜨거운 Coffee나 Tea 서비스 시 부주의로 인해 승객에게 쏟아져 화상을 입었을 때(승객 또는 승무원)

◑ 상황

> 승무원이 고객의 Coffee를 제공하는 중에 너무 뜨거운 나머지 전달 과정에서 놓치며 Coffee가 승객의 허벅지에 쏟아져 화상을 입었다면...

◑ 발생원인

- 뜨거운 Coffee나 Tea 또는 미역국을 서비스할 때는 승객의 Tray Table에 직접 놓아 드려야 하는 기본 원칙을 준수하지 않아 발생되었다.

- 뜨거운 식음료를 서비스할 때, "뜨거우니 조심하십시오"라는 안내를 반드시 실시해야 하나 동 절차가 이루어지지 않았다.

◑ 해결방안

- 용기에 뜨거운 물을 따를 때 적정량(7~8부)을 따르도록 하고, 승객에게 반드시 "뜨거우니 조심하십시오!"라는 안내로 승객의 주의를 환기시켜야 한다.

- 뜨거운 음료를 따를 때 Pot와 Tray는 항상 Aisle 쪽에 두고 따르며, 뜨거운 음료가 담긴 컵을 고객에게 제공할 때는 고객의 손에 건네지 않고 반드시 Tray Table 위에 놓는다.

- 뜨거운 식음료를 서비스할 때는 서두르지 말고 여유를 갖고 보다 각별한 주의를 기울여야 한다.

- 환자 발생 시 즉각적으로 구급의료함(First Aid Kit: FAK)에 탑재된 화상연고와 화상용 Gauze를 이용하여 상처 부위의 확산을 막고 도착 후 즉시 의사 처방을 받을 수 있도록 조치하여야 한다.

- 비행 중에도 심한 화상이라고 판단되면 방송을 통해 즉각 의사를 찾아 치료하도록 한다.

- 도착지까지 지속적인 관심을 가지고 Care한다.

 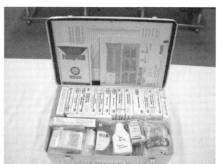

(First Kit 내에는 화상용 거즈 및 연고가 탑재)

- 기내에서 승객이 갑자기 쓰러지면

• 즉각 다른 승무원의 협조를 요청하며 사무장에게 보고한다.

• 방송을 통해 즉각 의사를 찾아 치료하도록 한다.

• 도착지까지 지속적으로 상태를 파악한다.

답/변/연/습

물이나 음료수를 쏟았을 때 더럽혀진 옷의 처리

⊙ 상황

승무원이 Service 시 Juice를 바지로 쏟아 버렸을 때

⊙ 발생원인

• 음료수를 서비스할 때는 승객의 Table에 직접 놓아 드려야 하는 기본 원칙을 준수하지 않았다.

⊙ 해결방안

• 누구의 잘못인가를 따지기 전에 우선 정중한 사과부터 하라.

• 물수건이나 Hand Towel을 즉각 제공하여 확산을 방지하도록 하라.

• 즉각적으로 사무장에게 보고하고, 도착 후 훼손된 옷을 세탁할 수 있는 Cleaning Coupon을 발급하며 뒤처리에도 신경을 써라.
  의복의 훼손이 심해 장거리 여행에 불편할 경우에는 사무장에게 즉각 보고하여 일등석의 편의복을 제공하는 것도 좋은 방법이다.
  이런 세심한 서비스는 오히려 항공사나 항공사 승무원에게 감사함을 느낀 멋있는 추억의 비행으로 전화위복의 기회가 된다.

• 도착지에 착륙하기 전까지 세심한 신경을 써라.

m/e/m/o

화장실 관련

(1) 화장실 내 흡연 승객

(Dealing with passengers smoking in the lavatories)

◐ 상황

> 한 승객이 화장실에서 나온 후 화장실 Check하러 들어갔는데, 누군가가 흡연을 하였는지, 이미 담배 냄새와 연기가 자욱하다면…

◐ 해결방안

- 해당 승객이 유죄라고 가정하면 안 된다. 이전 승객이 흡연했을 수도 있다.

- 또 다른 사람이 화장실에서 흡연하는 것을 방지하기 위해, 친절하게 금연 규정을 안내하고 주기적으로 화장실을 체크한다.

- 화장실 내 금연 방지를 위해 승무원이 주변에서 최선을 다하고 있다는 것을 승객에게 보여주는 것도 승객의 흡연을 억제할 수 있는 방법이다.

◐ 응대

한국어

- 기내 화장실 내 흡연은 엄격하게 제한되어 있습니다.
  기내에 화재가 발생하면 매우 위험합니다.

- 담배를 참기가 힘드십니까? 조금만 더 기다려 주시겠습니까?
  곧 착륙합니다. 잠시 과자라도 좀 드시겠습니까?

영어

- Sir/ma'am, smoking in lavatories is strictly prohibited in the cabin.
  It could start an in-flight fire and it's very dangerous.

- Isn't it hard to resist smoking? Could you wait just a little longer,
  we should be landing in few hours?
  Would you like something to snack on meanwhile?

(2) 흡연으로 인한 Smoke Detector 작동건

◑ 상황

> Meal 서비스 후, 화장실에서 누군가 담배를 피우는 것 같다는 승객의 제보를 받고는
> 즉시 해당 화장실로 이동하였으나, Smoke Detector가 이미 울리고 있었음.
> 화장실은 안에서 잠겨 있어, 문을 노크하여 승객을 나오도록 함.
> 승객이 문을 열 때 안으로부터 담배 냄새가 심하게 나고 있었고 주변 승객들이 냄새
> 및 기내안전 관련하여 불만을 호소한다면…

(Smoke Detector)

◑ 발생원인

• 승무원은 항상 주기적으로 화장실 점검을 해야 함에도 불구하고, 기내 흡연
  발생 취약 시점인 식사 서비스 후, 화장실 점검이 잘 이루어지지 않았다.

- 기내 흡연 발생 처리 시, 기내 흡연 승객에 대하여 승무원이 단호하게 대응하지 못했다.

◐ 해결방안

- 식사 서비스 전후(Meal Tray 2/3 회수 시) 및 Walk Around 시 주기적으로 화장실을 Check하며, Smoke Detector 내 이물질 여부를 수시로 점검하는 등 기내흡연 예방활동을 해야 한다.
- 흡연 승객 발생 직후 또는 예상되는 경우 '기내 흡연' 방송을 실시하고 주변 승객에게 적절한 사과 및 응대가 이루어져야 한다.
- 승무원은 항공기 및 승객의 안전을 위하여 기내 흡연 승객에게 규정에 따라 단호하게 대응하고 항상 기내 쾌적성 유지에 힘써야 한다.

◐ 응대

한국어

- 항공법에 의거 화장실을 포함하여 항공기 내에서는 흡연이 엄격히 규제되고 있습니다.

영어

- For safety reasons, aviation law strictly prohibits smoking on the airplane, including in the lavatories.

** 승무원은 안전 관련하여 답변 시 주기적인 Walkaround를 통해 사전 예방하는 것이 안전의 최우선임을 강조하라.

(화장실 내부)

승객이 본인이 소지하고 있는 술을 마시고 있다면

알코올은 기내 난동의 원인이거나 기폭제로 작용하는 주된 원인이므로 미연에 방지하는 것이 최선이다.

◐ 해결방안

• 승객에게 항공기 내에서의 지나친 음주는 지상과 달리 여압으로 인해 체내 산소 부족으로 취기가 약 3배 정도 빠르므로 적당하게 드실 것을 설명하라.

• 조심스럽게 Cocktail로 유도하며, 기본 Base를 약하게 하여 제공하도록 한다.

• 다른 승무원에게도 술을 요구할 수 있으니 승무원끼리 정보를 공유하도록 한다. (Gallery Briefing Sheet를 활용하여 다른 승무원이 제공하지 않게 하는 것도 좋은 방법이다.)

• 만취 시에는 행동이 난폭해질 수 있으니 단호하게 대처하며 지속적으로 주시하여야 한다.

답 / 변 / 연 / 습

승객이 아이와 함께 조종실 구경을 요구할 때

- 조종실의 출입은 항공법상 안전 및 보안의 이유로 인가 받지 않은 자는 출입이 통제되어 있음을 정중하게 설명한다.

- 어린아이에게 어린이용 장난감을 제공하고 추억이 되도록 기내에서 사진촬영할 수 있게 도와준다.

m / e / m / o

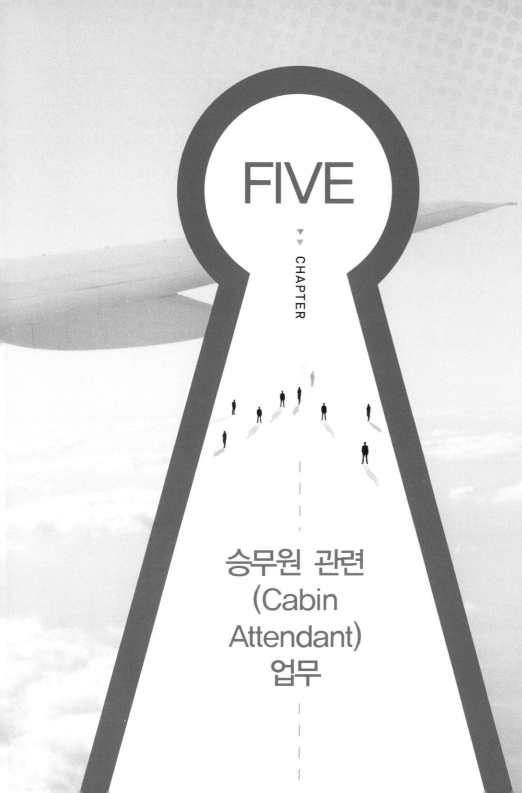

CHAPTER

FIVE

승무원 관련
(Cabin
Attendant)
업무

인사

❍ 상황

항공기 Boarding 시 승무원이 웃지도 않고 심지어 인사해도 쳐다보지도 않고 건성으로 인사를 하여 기분이 불쾌한 승객이 있다면...

❍ 발생원인

- 승무원으로서 갖추어야 할 기본 업무를 망각한 승무원 부적격자이다.

- Welcome Greeting은 승객에게 첫인상을 제공하여 만족을 결정하는 매우 중요한 시점임을 인지하지 못했다.

- 무성의한 승무원의 응대 태도로 인해 항공사 서비스 전체에 실망감을 주게 된다.

- 미소 없는 무표정한 얼굴과 성의 없는 Eye Contact 인사는 승객이 환영의 느낌을 전혀 받을 수 없다.

- 좌석안내 시에도 손가락을 사용하는 등 부적절한 손동작은 승객의 불쾌감을 유발하게 된다.

◎ 해결방안

- 승무원은 항공사를 대표하는 사람으로 승객에 대한 감사의 마음으로 진심을 다해 응대하는 직업의식이 필요하다.

- 탑승구에서 승무원의 첫인상은 승객의 서비스 만족도에 많은 영향을 준다는 것을 인식한다.

- 항상 밝은 미소, 태도와 자세, 인사, 단정한 용모 복장, 공손한 말씨를 모두 조화롭게 갖춘 승무원상을 정립하여야 한다.

Order

◐ 상황

한 승무원에게 호출해서 음료수 한잔 부탁하였으나 10~15분 기다려도 오지 않아 다른 승무원에게 부탁하여 그제야 마실 수 있었다면…

◑ 발생원인

- 승객의 음료 주문 시 메모하여 응대하는 기본 원칙을 준수하지 않으며 즉각적인 응대가 이루어지지 않았다.

- 동일 내용에 대해 다른 승무원에게 부탁하였으나, 승객은 오랜 시간이 지난 후에 제공받았다.

- 승객은 음료를 받지 못한 것에 대한 불만보다 Needs를 원하는 시간에 충족시켜주지 못한 승무원의 응대 태도에 대한 불만이 더 컸다.

- 많은 시간이 지체된 후에 음료를 서비스하였으나, 지연 서비스에 대한 승객의 양해를 구하는 일사일언을 하지 않았다.

❂ 해결방안

- 승객의 요청사항은 항상 경청하고 메모하여 잊지 않도록 하며, 즉시 해결할 수 있는 부분은 바로 제공하도록 노력해야 한다.

- 주문을 받은 승무원이 즉각 응대하지 못할 경우에는 주위의 다른 승무원에게 도움을 요청하여 반드시 해결하도록 한다.

- 승객의 주문사항에 대한 응대 시에는 요청한 아이템을 제공하는 것으로 끝나는 것이 아니라, 승객이 원하는 시점에 적절히 제공하는 것이 중요하다.

- 승객이 요청한 물품을 제공할 때에는 주문한 내용을 확인하여 착오가 없도록 해야 하며, 제공 시에는 정중한 태도로 응대해야 한다.

- 승객 응대 시에는 친근감을 주는 밝은 표정을 유지하고 승객과의 Eye Contact을 통해 승객의 만족여부를 확인해야 한다.

방송(Announcement)

면접 시 기내방송 Test도 있다.

상황

> 승무원이 도착 안내 방송을 하였으나 현지 도착시각 등의 실수가 발생
> 또한 방송 자체도 어투도 성의 없고 내용도 실수하고...
> 하지 않는 편이 좋을 뻔한 거슬리는 방송이라면...

발생원인

- 기내방송도 서비스의 한 부분임을 인식하지 못하고 성의 없이 기내방송을 실시하였다.

- 잘못된 방송에 대한 정정 방송을 실시하지 않아 정확한 정보를 전달하지 못했다.

- 방송 전담 승무원 이외의 승무원은 기내방송 시에 Monitoring을 하는 절차를 준수하지 않았다.

❷ 해결방안

• 승객이 정확한 정보를 알 수 있도록 방송 전담 승무원은 방송 실시 전, 반드시 정확한 정보 숙지 여부를 확인해야 한다.

• 기내방송은 기내서비스의 중요한 부분임을 인식하고 전 노선 모든 방송 시 성심성의껏 방송해야 한다.

• 방송 전담 승무원 외의 모든 승무원은 기내방송 중 모니터링을 실시하여 정확한 방송이 실시되고 있는지 모니터로서의 역할을 반드시 수행한다.

• 방송 중 실수를 했을 경우, 즉시 정정 방송을 실시하여 정확한 정보가 전달되도록 한다.
  정확한 방송도 하나의 승객 Service임을 상기해야 한다.

한국어 방송

손님 여러분.
정정 안내 방송 드리겠습니다.
도착지 공항의 현지 시각은 오전 8시가 아니라 오후 3시입니다.
죄송합니다.

영어 방송

Ladies and gentlemen.

We would like to make a correction to the previous announcement.

The local time is 3PM.

We are sorry for this inconvenience.

(1) WELCOME

> 소중한 여행을 저희 대한항공과 함께 해주신 고객 여러분, 안녕하십니까. (인사)
> 스카이 팀 회원사인 저희 대한항공은 / 여러분의 탑승을 진심으로 환영합니다.

> 손님 여러분, 안녕하십니까. (인사)
> 오늘도 변함없이 / 스카이 팀 회원사인 저희 대한항공을 이용해 주신 여러분께 / 깊은 감사를 드립니다.

이 비행기는 _____까지 가는 / 대한항공 _____편입니다.

목적지인 _____까지 예정된 비행시간은 / 이륙 후 _____시간 _____분입니다.

오늘 (성명) 기장을 비롯한 저희 승무원들은 / 여러분을 _____까지 정성껏 모시겠습니다.

도움이 필요하시면 언제든지 저희 승무원을 불러 주십시오.

계속해서 기내 안전에 관해 안내해 드리겠습니다.

잠시 화면(승무원)을 주목해 주시기 바랍니다.

Good morning(afternoon/evening), ladies and gentlemen.

Captain (Family Name) and the entire crew / would like to welcome you onboard Korean Air, a Sky Team member.

Captain (Family Name) and all of our crew members / are pleased to welcome you onboard Korean Air, a member of Sky Team alliance.

This is flight _____, bound for _____.

Our flight time today will be _____hour(s) and _____minutes.

During the flight, our cabin crew will be happy to serve you / in any way we can.

We wish you an enjoyable flight.

And please direct your attention for a few minutes, to the video screens for safety information.

(2) TURBULENCE 1

손님 여러분.

a. 비행기가 흔들리고 있습니다.

b. 기류가 불안정합니다.

좌석벨트를 매주시기 바랍니다.

Ladies and gentlemen.

Due to (unexpected) turbulence, please return to your seat and fasten your seatbelt.

TURBULENCE 2

손님 여러분.

비행기가 계속해서 흔들리고 있습니다.

좌석벨트를 매셨는지 다시 한번 확인해 주시고, 화장실 사용은 삼가시기 바랍니다.

감사합니다.

Ladies and gentlemen

We are continuing to experience the turbulence.

For your safety, please remain seated with you seatbelt fastened.

Thank you.

(3) SEAT BELT SIGN OFF

손님 여러분.

방금 좌석벨트 표시등이 꺼졌습니다.

그러나 비행 중에는 기류 변화로 비행기가 갑자기 흔들리는 경우가 있습니다. 안전한 비행을 위해 / 자리에 앉아 계실 때나 주무시는 동안에는 / 항상 좌석벨트를 메고 계시기 바랍니다.

그리고 선반을 여실 때는 안에 있는 물건이 떨어지지 않도록 조심해 주십시오. 좌석 앞주머니 속의 기내지 MORNING CALM을 참고하시면 / 비행 중 사용할 수 있는 전자 제품, 스카이 패스 등에 대한 자세한 비행 정보를 얻으실 수 있습니다.

감사합니다.

Ladies and gentlemen.

The captain has turned off the seat belt sign.

In case of any unexpected turbulence, we strongly recommended you keep your seat belt fastened / at all times while seated.

Please use caution when opening the overhead bins / as the contents may fall out.

For more information about services available on this flight.

Please refer to the Morning Calm magazine in your seat pocket.

(밑줄친 부분 발음 유의)

(4) FAREWELL : GENERAL

손님 여러분.

우리 비행기는 (도시별 특성 문안)에 도착했습니다.

선택	오늘도 여러분의 소중한 여행을 / 스카이 팀 회원사인 대한항공과 함께 해 주셔서 대단히 감사합니다. 저희 승무원들은 / 앞으로도 한분 한분 특별히 모시는 마음으로 / 고객 여러분과 늘 함께할 것을 약속드립니다.
	스카이 팀 회원사인 저희 대한항공은, 고객 여러분의 사랑에 감사드리며, 앞으로도 계속 노력하는 모습으로 / 늘 여러분과 함께하겠습니다.
	오늘도 스카이 팀 회원사인 저희 대한항공을 이용해 주셔서 대단히 감사합니다. 저희 승무원을 비롯한 모든 직원들은, 앞으로도 손님 여러분의 여행이 항상 안전하고 편안할 수 있도록 / 최선을 다하겠습니다.
	스카이 팀 회원사인 대한항공과 늘 함께해주시는 손님 여러분께 깊은 감사 드립니다. 저희 승무원들은/ 여러분의 변함없는 사랑에 보답하는 마음으로 / 한결같이 정성을 다 하겠습니다.

감사합니다. / 안녕히 가십시오.

Ladies and gentlemen.

We have landed at (공항명) (international) airport.

선택	Thank you for choosing korean Air, a member of the Sky Team alliance / and we hope to see you again soon on you next flight.
	Thank you for being our guests today. We hope that if future plans call for air travel, you will consider Korean Air, a member of Sky Team alliance, for all your travel needs.

Thank you.

(5) 방송 요령

① 방송문을 유창하게 읽을 수 있도록 평소에 많은 연습을 한다.

② 방송 현장에서는 밝은 미소와 함께 방송하며, 밝고 맑은 Tone을 유지한다.

③ 적당한 PAUSE와 억양이 반복되지 않도록 변화를 준다.

④ 멋을 부리는 습관이 붙지 않도록 주의한다.

⑤ 외국어는 또박또박, 차분히 방송하여 의미전달이 쉽도록 한다.

⑥ 여유 있고 친근감 있는 방송이 되도록 최선을 다하여 방송한다.

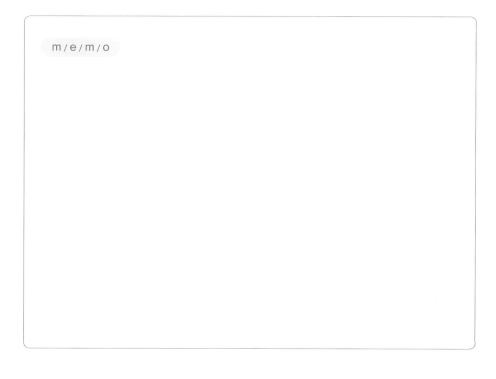

m/e/m/o

기내 반입 애완동물 처리

⊙ 상황

> 기내에 반려견과 함께 탑승하신 승객이 반려견을 케이지에서 밖으로 내놓은
> 상태로 타 승객으로부터 좌석 이동을 요구할 때…

⊙ 발생원인

- 애완동물은 보관용 컨테이너에 넣어 배정된 좌석 하단에 보관하여 운송해야 하는 규정을 미준수한 사례이다.

- 애완동물을 싫어하는 승객을 배려하여 불편을 최소화해야 했으나 오히려 승객의 불편을 가중시키는 좌석 재배정으로 불만을 야기했다.

⊙ 해결방안

- 애완동물을 객실에서 운송 시에는 반드시 애완동물 컨테이너에 넣어 운송하며 운항 중에는 보관용 컨테이너로부터 꺼낼 수 없다는 규정을 설명하고 이를 준수하도록 한다.

- 애완동물 보관용 컨테이너의 크기나 무게의 제한은 당사 휴대수하물 규정에 위배되지 않도록 앞좌석 아래에 보관하도록 하여야 한다.

• 좌석 재배정을 요구한 승객의 불편한 마음을 헤아리는 적극적인 승객 응대 자세가 필요하다.

(애완동물 컨테이너)

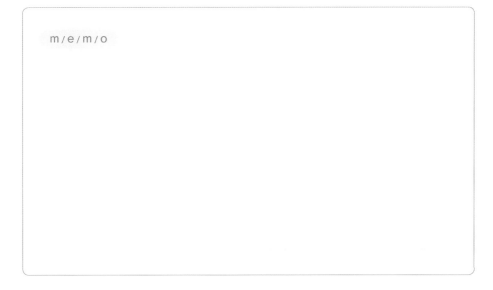

m/e/m/o

유아, 소아 돌보기

❂ 해결방안

• 승객 탑승 후 그 담당구역의 승무원은 유아/소아를 동반한 승객에게 주변의 승객들에게도 이와 같이 유아/소아가 여기에 탑승해 있다는 것을 암시적으로 고지하여 비행 중에도 안심하다는 신뢰를 주어라.

• 탑승에서부터 하기할 때까지 Overhead Bin의 수하물을 돕는다.

• 비행 전에 화장실의 위치, Passenger Service Unit 등의 기내 구조 및 사용법에 대해 설명해 준다.

한국어

안녕하세요.

저는 이 구역을 담당하고 있는 (   )입니다.

아기가 참 귀엽네요.

아기가 사용할 Kleenex와 물티슈가 준비되어 있습니다.

그리고 비행하시는 동안 필요하신 것이 있으면 언제든지 불러주세요.

영어

Hello, I'm _____ and in charge of this zone.

Your baby is very cute.

I have prepared some kleenex and water tissue for your baby.

If there need anything else during a flight, please feel free to let me know.

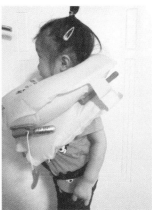

m / e / m / o

비동반 소아(Unaccompained Minor) Care

- 비동반 소아는 국내선인 경우는 만 5세 이상 만 13세 미만이며, 국제선인 경우는 만 5세 이상 만 12세 미만의 부모 없이 혼자 탑승하는 소아 승객을 말한다.

❂ 해결방안

- 혼자 비행하는 두려움을 해소시켜주기 위해 걱정하지 않도록 승무원 자신을 소개하고 객실 내부 구조에 대해 위치와 사용법을 설명해준다.

- 비동반 소아가 가지고 있는 제반서류 등을 확인한다.
  (여권, 출입국 Card, 연락 가능한 부모의 전화번호 등)
  아이와의 거리감을 줄이기 위해 이름과 나이 정도를 확인해 두어라.

- 주변 승객에게 혼자 여행하는 것을 알려주며 자연스럽게 도움을 요청한다.

- 식사 시에 신경을 써라.

- 항공기에 있는 Child Giveaway를 제공하고 Post Card나 편지를 이용하여 기내에서의 상황을 부모에게 알리도록 하여 부모님께 기쁨을 주도록 한다.

- 혼자 여행하는 이유에 대해서는 민감한 부분도 있을 수 있으니, 절대로 부모나 그의 가족에 대한 예민한 사항은 이야기하지 말고 승무원이 도와주고 있

다는 세심한 관심과 Service를 하여야 한다.

(UM용 각종 서류가방)

m / e / m / o

승객 Care

한가족 서비스

대한항공에서 대고객 서비스의 일환으로, Family Care 서비스로 아이들과 부모님을 인천공항에서부터 인천공항 Gate까지 안내해 주는 서비스이다.

1) 지역

① 미주 : GUM, SPN 제외 지역

② 유럽 : LHR, CDG, FRA, FCO, PRA, MOW, ZRH

③ 대양주의 SYD, AUK, BNE, MEL

2) 대상

① 보호자 없는 70세 이상 승객

② 7세 미만의 유소아 2명 이상 동반한 1인 승객

③ 언어소통 등의 도움이 필요한 승객

3) 절차

① 출발 2일 전까지 대한항공으로 서비스를 신청

② ICN 카운터에서 탑승권 받은 후 Family Care Service Desk에서 확인

③ Gate에서 직원의 안내로 탑승

④ 비행기가 목적지에 도착하면 승무원의 안내로 비행기 앞에서 대기하고 있는 현지 대한항공 직원에게 안내한다.

⑤ 미국의 경우 : 첫 도착지에서 수속 및 Transit 안내

WCHR 승객

• 지나친 Care는 승객의 자존심과 감정에 상처를 줄 수 있으니, 도움을 요청할 때까지는 무리하지 말라.

• 항상 승객에게 신경을 쓰고 있다는 것을 Walkaround 시에 미소와 함께 Eye Contact을 하라.

• Wheel Chair 승객은 화장실 사용을 두려워한다. WCHR 승객을 위한 화장실이 있고 그 위치를 알려주어 마음을 편하게 해 준다.

• 승객의 이름으로 호칭하며 존재를 알린다.

Deaf 승객

• 승객의 마음이 편하도록 항상 Eye Contact을 하라.

• 기내방송은 수화 또는 종이에 기재하여 알려줌으로써 편안한 마음을 갖게 된다.

- Headphone 서비스를 할 때에는 잡지나 신문 또는 기내 도서를 활용하여 서비스하라.

BLIND 승객

- 탑승 시 승객의 허락 하에 손을 잡고 좌석까지 안내하고 마음이 편하도록 승무원 호출 버튼 및 가장 가까운 화장실 위치 등의 기내 공간에 대해 안내한다.
- 도착지까지 지속적인 관심으로 서비스를 제공한다.
- 식사 서비스 시 적극적으로 도와주며, Tray 위에 시계 방향으로 어떠한 음식이 제공되고 있는지를 설명한다.

  음료수는 전부보다는 반만 서비스하고 Refill을 해준다.

승무원 관련

(1) 너무 빠른 승무원

- 승객은 승무원에게 필요한 사항이 있으면 Call Button을 사용하기도 하지만 승무원이 지나갈 때 무엇인가를 요청하는 경우가 많다.

  가끔은 Tray에 음료수를 가지고 나올 때에도 정신을 차리지 않으면 이미 지나가는 경우가 종종 있어 도움을 청하기가 어렵다.

  승무원은 항상 Eye Contact을 하면서 천천히 이동하였으면...

- 목적지 도착 후, 승객에게 Farewell 인사할 때에 승객을 대하는 여러 가지 모습을 볼 수가 있다.

  어떤 승무원은 밝은 미소와 함께 "안녕히 가십시오", "Thank You", "Have a nice day"라 하는 반면,

  승객이 내리는 중 그들을 따라 Overhead Bin을 여는 승무원,

  잡지나 Headphone을 회수하는 승무원, Coatroom을 비우는 승무원,

  과연 후자는 "Hurry Up & Get Off"인가요.

  승객이 항공기에서 하기하는 순간까지 감사의 마음을 오래 남도록 하는 것이 객실승무원의 역할이다.

(2) 승무원에게 개인 휴대폰 번호를 요구하면?

(3) 승무원에게 연락하라며 명함을 주었을 때?

(4) 승무원에게 같이 사진 찍자고 할 때?

(5) 승무원에게 봉급이 얼마냐고 묻는다면?

(6) 승무원에게 술을 권할 때?

(7) 여자 승객이 승무원의 머리핀과 Scarf를 달라고 할 때?

답 / 변 / 연 / 습

국내 취항공사 CODE

세계 주요 항공사명 및 코드

국제 항공관련 대표적인 기구 및 단체로 IATA와 ICAO가 있다.
항공사들은 IATA와 ICAO에서 항공기 운항 스케줄 관리 및 전산처리와 관제용
에 쓰이는 Code를 부여 받는다.

IATA(International Air Transport Association)
国際航空運送協會

국제항공운송협회

ICAO(International Civil Aviation Organization)
國際民間航空機構

국제민간항공기구

항공사 로고	항공사	IATA	ICAO
AEROFLOT Russian Airlines	Aeroflot–Russian Airlines	SU	AFL
AIR CANADA	Air Canada	AC	ACA
AIR CHINA 中国国际航空公司	Air China	CA	CCA
AIR-INDIA	Air India	AI	AIC
AIR FRANCE	Air France	AF	AFR
AIR NEW ZEALAND	Air New Zealand	NZ	ANZ
Alitalia	Alitalia	AZ	AZA
AIR KORYO	Air Koryo	JS	KOR
ANA	All Nippon Airway	NH	ANA
AmericanAirlines	American Airlines	AA	AAL
ASIANA AIRLINES	Asiana Airlines	OZ	AAR
Austrian	Austrian Airlines	OS	AUA
BRITISH AIRWAYS	British Airways	BA	BAW
british midland bmi	British Midland	BD	BMA

항공사 로고	항공사	IATA	ICAO
CATHAY PACIFIC	Cathay Pacific Airways	CX	CPA
CHINA AIRLINES	China Airlines	CI	CAL
中國東方航空 CHINA EASTERN	China Eastern Airlines	MU	CES
中国南方航空 CHINA SOUTHERN	China Southern Airlines	CZ	CSN
Continental Airlines	Continental Airlines	CO	CO
DELTA	Delta Airlines	DL	DAL
EGYPTAIR	Egypt Air	MS	MSR
Emirates	Emirates Airlines	EK	UAE
EVA AIR	Eva Airways	BR	EVA
JAL JAPAN AIRLINES	Japan Airlines	JL	JAL
KLM Royal Dutch Airlines	KLM Royal Dutch Airlines	KL	KLM
KOREAN AIR	Korean Air	KE	KAL
Lufthansa	Lufthansa German airlines	LH	DLH
malaysia	Malaysia Airlines	MH	MAS
PIA Pakistan International	Pakistan International Airlines	PK	PIA

국내 취항공사 CODE

항공사 로고	항공사	IATA	ICAO
Philippine Airlines	Philippine Airlines	PR	PAL
QANTAS	Qantas Airways	QF	QFA
QATAR AIRWAYS القطرية	Qatar Airways	QR	QTR
SAUDI ARABIAN AIRLINES	Saudi Arabia Airlines	SV	SVA
SINGAPORE AIRLINES	Singapore Airlines	SQ	SIA
SOUTH AFRICAN AIRWAYS	South African Airways	SA	SAA
Spanair A STAR ALLIANCE MEMBER	Span air	JK	JKK
SriLankan Airlines	Srilankan airlines	UL	ALK
swiss Swiss International Air Lines	Swiss air	SR	SWR
THAI	Thai Airways International	TG	THZ
Thai Sky Airlines	Thai Sky Airlines	9I	TKY
TURKISH AIRLINES	Turkish Airlines	TK	THY
UNITED	United Airlines	UA	UAL
Vietnam Airlines	Vietnam Airlines	VN	HVN

국내 항공사

항공사 로고	항공사	발음	IATA
KOREAN AIR	대한항공	KOREA AIR	KE
ASIANA AIRLINES	아시아나항공	ASIANA AIRLINES	OZ
JEJU AIR Join&Joy 제주항공	제주항공	JEJU AIR	7C
EASTAR JET	이스타항공	EASTAR JET	ZE
JINAIR	진에어	JIN AIR	LJ
AIR BUSAN	에어부산	AIR BUSAN	BX
t'way	티웨이항공	T'WAY	TW
AIR SEOUL	에어서울	AIR SEOUL	RS

참 / 고 / 문 / 헌

강민경(2013), 스튜어디스 면접 7일전, 부즈펌.

대한항공 객실 승무원 업무 교범.

대한항공 승무원 교육 교재.

박혜정(2014), 항공 경영의 이해, 백산출판사.

유제연(2013), 승무원 면접 기출질문, 진서원.

이병선(2016), 항공기 구조 및 비행 안전, 백산출판사.

_____(2018), 항공 용어 해설, 백산출판사.

_____(2019), 항공기 객실서비스실무, 백산출판사.

저자약력

이병선(李炳善)

중앙대학교 법과대학 행정학과 졸업

전) 대한항공 수석사무장
      대한항공 특별기 전세 추진위원
      대한항공 객실부문제안 심사위원
      대한항공 객실 승무원 면접관
      대한항공 객실 승무원 서비스 점검관
      대한항공 안전지도팀장(INSPECTOR)
      대한항공 상무대우 수석사무장
      동양대학교 관광경영대학 항공비서학부 겸임교수
      장안대학교 항공관광과 교수
      동양대학교 항공대학 항공서비스학과 교수

현) 교통안전공단 항공 안전 객실분과위원
      국립백두대간 고객만족 자문위원장

저서
- 항공기 구조 및 비행 안전(2016), 백산출판사
- 항공용어해설(2021), 백산출판사
- 항공기 객실서비스실무(2023), 백산출판사

저자와의
합의하에
인지첩부
생략

항공사 객실승무원 면접 A to Z

2024년 2월 15일 초판 1쇄 인쇄
2024년 2월 20일 초판 1쇄 발행

지은이 이병선
펴낸이 진욱상
펴낸곳 (주)백산출판사
교 정 박시내
본문디자인 오행복
표지디자인 오정은

등 록 2017년 5월 29일 제406-2017-000058호
주 소 경기도 파주시 회동길 370(백산빌딩 3층)
전 화 02-914-1621(代)
팩 스 031-955-9911
이메일 edit@ibaeksan.kr
홈페이지 www.ibaeksan.kr

ISBN 979-11-6567-778-7   13320
값 21,000원